안 동
문 화
100선

●❶❿

권
진
호 權鎭浩

안동대학교 한문학과를 졸업하고 성균관대학교 대학원에서 문학석·박사학위를 받았다. 현재 한국국학진흥원 수석연구위원으로 근무하고 있다.

저서로는 『19세기 영남학파의 종장, 정재 류치명의 삶과 학문』(2008), 『18세기 영남의 한문학』(2015, 공저), 『조선후기 서원의 위상』(2015, 공저), 『학문과 과학에 뛰어난 계문의 고제, 안동 간재 이덕홍 종가』(2018), 역서로는 『국역 상변통고(10권)』(2009, 공역), 『국역 경설유편(4권)』(2017, 공역), 『국역 도곡선생문집』(2019, 공역) 등이 있다.

류
종
승 柳鍾承

1995년 광고사진스튜디오에서 사진을 시작하였고
2011년 안동청년유도회 회원으로 활동하며 유림과 관련된 작업을 하고 있다.
『안동의 서원』(2016), 『경상북도독립운동기념관 기증·기탁유물 목록집』(2019) 등 사진작업에 참여하였다.

안동의
유교현판

권진호 글
류종승 사진

민 속 원

차례

현판의 이해

현판이란 무엇인가

현판의 개념

세계적으로 우수성을 인정받고 있는 한국의 옛 건축물은 한결같이 자연과 조화를 이루며 화려하지 않으면서 고풍스럽고 단아하고 정갈한 멋이 살아있는 것이 특징이다. 이러한 옛 건축물에 인문적 가치의 생명을 불어넣는 글씨를 새긴 나무판을 현판懸板이라고 한다. 현판은 글씨나 그림을 나무판이나 종이 또는 비단에 쓰거나 새겨서 문 위에 거는 액자류를 말한다. 넓은 의미로 말하면 건물에 거는 모든 나무판을 일컫는다. 그러나 그 가운데 건물 정면의 문과 처마 사이에 거는 나무판을 편액扁額이라고 한다. 편액은 건물을 대표하는 명칭으로 현판보다 좁은 의미로 쓰인다.

현판의 유래

현판이 언제부터 유래했는지는 분명하지 않지만 중국 진秦 나라 때부터라
고 한다. 그러나 문헌상으로는 한漢 나라 고제高帝 때 개국공신인 소하蕭何가
궁궐에다 창룡蒼龍과 백호白虎를 써 붙였다고 하는 데서 시작되었다고 한다.

우리나라 현판의 유래는 아마도 삼국시대에 한자가 전래된 직후부터로 추
정되지만, 잦은 전란과 외침과 화재로 인해 전해지는 것은 거의 없다. 그 가
운데 현재 가장 오래된 현판 글씨로는 공주 마곡사의 '대웅보전大雄寶殿'과 전
라남도 강진 만덕사의 '만덕산백련사萬德山白蓮寺'로 통일신라시대 때 김생金生
의 글씨로 전해지고 있다. 고려시대에 오면 왕궁과 사찰은 물론 일반 민가에
이르기까지 각 건물에 현판을 달아 건물의 성격을 나타냈다고 한다. 고려 공
민왕의 글씨로 봉화 청량사의 '유리보전琉璃寶殿', 영주 부석사의 '무량수전無
量壽殿' 안동의 '안동웅부安東雄府'와 '영호루映湖樓' 등이 남아 전해지고 있다.

그러나 현판의 사용이 좀 더 보편화된 것은 조선시대부터라 할 수 있다. 조
선 건국 후 삼봉三峯 정도전鄭道傳(1342~1398)은 새로 낙성한 궁궐과 종묘에 왕
명으로 직접 명칭을 짓고 현판을 걸어 왕조의 건국이념을 드러내고자 하였다.
이후 궁궐을 중심으로 시작된 현판이 국가의 정책적 필요에 따라 민간에도
보급되기 시작하였다. 성종 대에는 왕조가 안정기에 접어들면서 성리학적 교
화정책이 더 활발하게 진행되었고, 백성들의 교화를 장려하는 수단의 하나로
포상하는 뜻의 현판을 하사하기도 하였다.

아울러 15세기에 오면 사대부가에서도 정자를 짓고 정자의 이름을 현판에
새기는가 하면, 16세기 이후에는 전국 각지에 선현의 유덕을 기리기 위한 서
원이 건립되면서, 서원 공간에 건물의 명칭을 적은 현판을 게시하였다.

이처럼 15세기 이후 본격적으로 사대부들을 중심으로 건립된 건물에 현판
을 게시했지만, 현존하는 현판들은 그 당시의 것은 남아 전하지 않고, 대체로
19세기 이후의 것이 많이 남아 있다. 이는 조선 전기의 건축물이 이미 사라졌

공주 마곡사 대웅보전

영호루

9

거나, 남아 있다고 해도 수차례의 중수·중건된 건물들이라, 여기에 게시된 현판들도 건물과 함께 사라지거나, 중수·중건 때 새로 현판을 새겨 매단 것들이 대부분이기 때문이다.[1]

현판의 유형

현판은 게시된 장소와 내용에 따라 네 가지 유형으로 나눌 수 있다. 첫째, 주거공간으로 집안의 훌륭한 선조가 후손들에게 물려준 정신적 가치를 담고 있는 '당호堂號' 현판, 둘째, 교육공간으로 국가나 선현들의 교육철학과 학문정신을 담고 있는 '향교'와 '서원(서당)' 현판, 셋째, 수양공간으로 자연과 벗하며 선비들의 수양과 여유, 풍류를 담고 있는 '누정樓亭' 현판, 넷째, 추모공간으로 선조에 대한 사무치는 그리움을 담고 있는 '재사齋舍' 현판 등으로 나누어 볼 수 있다.

현판의 재질과 형태

현판의 재질은 나무가 주류를 이룬다. 중국에서는 금편金篇, 은편銀篇 등이 있었다는 기록이 있으나 실물은 남아 있지 않으며, 현재 구리로 만든 동편銅篇, 쇠로 만든 철편鐵篇, 돌로 만든 석편石篇 등도 있지만 대부분은 나무로 제작되었는데, 이는 중국이나 한국도 마찬가지다.

현판을 만드는 나무는 향나무, 은행나무, 배나무, 느티나무 등도 사용하지만 가장 많이 사용하는 것은 소나무다. 소나무는 보통 황장목黃腸木이라 부르는 종류를 사용하는데, 시간이 지나면서 나무속에서 옅은 황색의 색깔이 배어

---

1   박순, 「한국의 편액 해제」, 『한국의 편액』 I, 한국국학진흥원 목판연구소, 드림디자인, 2016,
    8~12쪽 참조. 글의 성격상 이후 인용하거나 참고한 부분에 대해 일일이 각주를 달지 않고, 책의
    마지막 부분에 [참고문헌]으로 일괄 처리했음을 밝혀둔다.

나와 은은한 아름다움을 주기 때문에 즐겨 사용한 재료의 하나였다.

현판은 건물과의 조화가 중요하기 때문에 건물의 크기와 종류에 따라 현판의 크기와 모양이 결정된다. 현판의 구조는 크게 세 부분으로 나누는데, 첫째는 글자가 새겨진 바닥판재[알판], 둘째는 바닥판재를 감싸고 있는 나무 소재의 틀인 테두리 목[모판/변죽], 셋째는 염우판廉隅板[모서리판]이다.

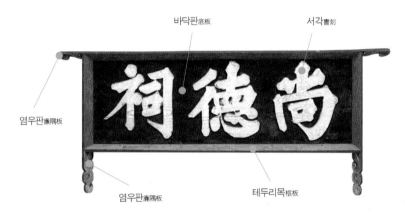

바닥판底板   서각書刻

염우판廉隅板

염우판廉隅板   테두리목框板

도산서원 상덕사

세 가지 요소를 모두 갖춘 현판도 있지만, 테두리 목만 있거나 테두리 목과 염우판 없이 바닥 판재로만 만들어진 현판도 있다. 특히 테두리 목은 건물의 양식과 격식에 따라 다양한 형태와 무늬로 제작되어 현판의 개성을 나타낼 뿐만 아니라, 현판의 판재가 뒤틀어지는 것을 막아주는 실용적인 목적을 지니고 있다. 테두리 목의 문양은 연화문, 당초문, 만자문, 박쥐문양 등을 사용한다. 염우판은 장식적인 효과를 극대화하고 웅장한 느낌을 주는 역할을 하는데, 운문雲文·서수瑞獸 등의 모양으로 판각하고 화려한 단청을 칠해 아름다움을 배가 시켜준다.

바닥판재는 하나의 나무를 가공하여 만들기도 하고, 규모가 큰 현판은 2~4

조각의 판재를 맞추어 제작하기도 하는데, 여러 조각으로 제작할 때는 기온과 습도에 따른 나무의 수축을 고려하여 판과 판 사이에 약간의 공간을 두어 판을 제작한다.

바닥판재에는 현판의 글씨를 판각하는데, 음각, 양각, 음양각의 3가지 기법이 가장 많이 사용된다. 글자의 숫자는 2~5자 정도로, 판의 크기에 맞춰 글씨의 크기를 결정해 시각적인 안정을 가져오도록 한다.

현판의 모양은 가장 많은 것이 가로가 긴 장방형의 형태이나 세로가 긴 장방형으로 제작하기도 한다. 이외에도 초엽액蕉葉額[나뭇잎모양]이나 타원형의 형태가 있지만 보편적인 형태는 아니다.

현판의 네 가지 형태
1. 가로 현판 2. 초엽액 3. 세로 현판 4. 타원형

바닥 판재는 대부분 백색 또는 흑색으로 채색한다. 바닥이 백색인 경우 글씨는 이와 대비되는 흑색으로 장식하며, 글씨가 흑색이면 바닥판재[알판]는 백색으로 채색하여 글씨가 뚜렷하게 보이도록 대비시켜 깔끔한 느낌을 주게 하였다. 현재 민가에 사용하는 현판 중에는 거의 없지만, 사찰과 궁궐의 현판에는 금박을 입혀 화려하게 제작한 것도 많이 있다.

현판의 제작과정

먼저 현판의 크기와 용도에 맞는 나무를 고르고, 판재를 소금물에 담갔다가 응달에 말리고 찐 뒤에 그늘에 건조시켜 숨을 죽이는 과정을 거친다. 나무의 심재心材 쪽을 전면으로 하여 다듬이질을 하고 크기에 맞게 깎아낸다. 현판 글씨를 자간과 행간, 기울기를 맞춘 뒤 밀가루 풀을 이용하여 판재에 붙인다. 음각, 양각, 음양각의 기법 중에 택하여 제작하는데, 바탕면으로부터 약 15도의 각도로 10밀리미터 정도를 판다. 다만 건물의 종류와 현판의 크기에 따라 그 깊이는 유동적이나 보통 이 정도가 통상적인 새김질의 깊이라고 할 수 있다. 테두리 목 역시 바닥판재와 같은 소재의 나무를 이용하여 제작하며, 바닥판재의 크기에 따라 테두리 목의 길이와 너비가 달라진다. 테두리 목간의 결합은 내구성을 위해 못을 이용하지 않고, 장부 짜맞춤이라는 방법을 통해 암수를 맞추어 조립하는 형태로 제작된다. 마지막에 바닥판재와 테두리 목을 결합해야 하는데, 테두리 목을 평면 위에 놓고 평면에서 테두리 목 안쪽의 기울기에 맞추어 바닥판재의 가장자리를 잡고 대패로 깎아 가공한 뒤 결합한다. 이렇게 조립된 현판을 다양하게 채색하는데, 단색이거나 혹은 화려한 무늬들로 채색해 건물의 성격과 특징을 나타내게 된다. 이러한 일련의 과정을 통해 우리가 보고 있는 아름다운 현판이 만들어진다.

한국국학진흥원은 일찌감치 현판의 소중한 의미와 가치에 대해 관심을 가지고 민간이나 문중으로부터 기탁을 받았다. 그래서 현재 서원이나 향교, 종택, 누정, 재사 등에서 기탁받은 수량이 대략 1,300여장에 이르고 있다. 대체로 현판의 제작 시기는 조선중기와 후기 및 근대에 제작되었고, 그 현판의 내용은 퇴계학파의 중심지답게 교육과 교화, 수신에 관계되는 유교적 내용의 현판이 대부분이다. 뿐만 아니라 현판의 글씨도 국왕을 비롯하여 양반관료, 재야의 문인학자, 명필가 등 다양하며, 글쓴이의 신분이 다양한 만큼 필치와 풍격도 다양하다.

한국국학진흥원은 현판이 주는 교육적 가치에 주목하여 2012년 11월에 국내 유일의 현판전시실을 개관하여 청소년들의 산 교육장으로서의 역할을 담당하고 있다. 아울러 현판이 유교문화의 중요한 유형자산임을 알리기 위해 2016년 5월 19일에 유네스코 아시아·태평양지역 기록유산에 신청하여 등재하는 쾌거를 올렸다.[2] 이는 현판이 지니고 있는 소중한 정신적 가치가 현대를 살아가는 사람들에게 유용한 측면을 제공해 줄 수 있다는 가능성을 인정받았다는 것을 의미한다.

현판은 결국 우리 선현들이 물려준 소중한 유교문화의 일부분으로서, 오늘날 단순히 특정한 장소를 사람들의 눈에 잘 띄도록 알려주는 간판看板과는 달리 여기에는 선현들의 독특한 현판문화가 자리 잡고 있다. 선현들은 건물을 지어놓고 그 건물의 공간에 이름을 부여하였다. 사서오경으로 대표되는 유교 경전이나 선현들이 남긴 문집에서 몇 글자 안 되는 구절을 인용하여 명명하였다. 그런데 이 몇 글자 안 되는 현판의 의미를 되새겨 보면, 건물의 기능과 용도뿐만 아니라 건물 안에 생활했던 선현들의 삶의 지향이나 가치관을 엿볼 수 있다. 나아가 현판 글씨를 통해 서예사를 복원할 수 있고 글씨의 시대정신을 유추해 볼 수 있을 뿐만 아니라 서각공예의 예술적 측면을 확인할 수 있다.

요컨대, 현판은 한마디로 대중들에게 그 공간을 상징하는 뜻을 시각에 호소하여 의미를 전달하는 홍보성을 띤 뛰어난 예술 작품이라고 할 수 있다.

---

2 『한국의 편액』이란 제목으로 편액 550점을 신청하여 등재시켰다. 이때 당호, 서원, 누정, 재사 등의 명칭을 사용하지 않고, 당호는 주거 공간, 서원은 교육 공간, 누정은 수양 공간, 재사는 추모 공간 등으로 이름을 바꾸어 신청하였다.

집안을 상징하는 명가名家의 현판, 당호堂號

현판은 걸려있는 공간에 따라 크게 네 가지 유형으로 나누어 볼 수 있다. 첫째, 주거공간인 '당호堂號' 현판, 둘째, 교육공간인 향교와 서원 현판, 셋째, 수양공간인 '누정樓亭' 현판, 넷째, 추모공간인 '재사齋舍' 현판 등이 있다.

'당호'는 거처하는 방이나 집에 상징적인 의미를 담아 이름을 붙인 것으로, 건물의 호칭인 동시에 집안 현조顯祖의 아호雅號가 되기도 한다.

명칭으로는 글자 끝부분에 '당堂' 자가 들어간 것이 일반적이지만, '재齋', '정亭', '헌軒'을 비롯하여 '와窩', '암庵', '은隱' 자 등을 사용하기도 한다.

충효당忠孝堂, 송월재松月齋, 경류정慶流亭, 아헌啞軒, 용와慵窩, 근암近庵, 어은漁隱 등에서 볼 수 있듯이, 비록 각각의 명칭은 다르지만 한결같이 삶의 귀감이 되거나 인생의 지침이 될 만한 교훈적인 내용들을 담고 있다.

안동지역의 대표적인 당호 현판을 들면, 경류정慶流亭, 관물당觀物堂, 근암近庵, 긍구당肯構堂, 노송정老松亭, 만수재晩修齋, 보백당寶白堂, 선오당善迂堂, 설월당雪月堂, 성재惺齋, 수신와須愼窩, 수정재壽靜齋, 양소당養素堂, 양정당養正堂, 양진당養眞堂, 오우당五友堂, 용와慵窩, 유경당幽敬堂, 읍청정挹清亭, 정재定齋, 정지

송월재   경류정   아헌   해은

초당   해월헌

재定止齋, 조성당操省堂, 충효당忠孝堂, 폐려弊廬, 호고와好古窩, 화경당和敬堂, 후조당後彫堂, 만취당晩翠堂(영주), 모원당慕遠堂(구미), 송월재松月齋(봉화), 쌍벽당雙碧堂(봉화), 오헌吾軒(영주), 전백당傳白堂(봉화), 초당草堂(영양), 팔우헌八友軒(예천), 함집당咸集堂(영주), 해월헌海月軒(울진), 해은海隱(봉화) 등이 있다.

만수재 · 선오당 · 설월당 · 성재 · 양소당 · 오우당 · 수정재 · 양진당 · 오헌 등의 현판은 내면의 수양과 겸손의 미덕을 담고 있고, 경류정과 함집당은 집안의 화목과 형제간의 우애를 담고 있으며, 수신와 · 전백당 · 충효당 · 화경당은 충과 효의 뜻을 담고 있고, 보백당 · 읍청정 · 팔우헌은 청백한 정신과 은거자락한 삶을 살고자 하는 뜻을 담고 있으며, 노송정 · 만취당 · 송월재 · 쌍벽당 · 해월헌 · 후조당은 사물을 빗대어 변하지 않은 지조를 담고 있고, 관물당 · 근암 · 양정당 · 정재 · 정지재 · 해은 · 호고와는 학문자세와 출처의 의리를 담고 있으며, 궁구당과 모원당은 먼 조상에 대한 추모의 정을 담고 있다.

당호 현판에 담긴 의미

충효당忠孝堂

'충효당'은 임진왜란 때 영의정으로 국난을 극복하고 나라를 구한 서애 류성룡(1542~1607) 종택의 당호이며, 보물 제414호로 지정되었다. 류성룡은 40여 년의 관직생활을 마치고 낙향해서 생활하다가 만년에는 풍산 서미리의 초가 삼간에서 운명하였다. 종택은 류성룡이 세상을 떠난 이후 손자인 졸재拙齋 류원지柳元之(1598~1674)가 내당內堂을 처음 지었고, 증손자 류의하柳宜河(1616~1698)가 외당外堂을 지어 확장 중수하였으며, 그후 병조 판서 류상조柳相祚(1763~1838)가 12칸의 행랑채를 지었다. 이렇듯 충효당은 한 자손에 의해 지어진 것이 아니라 세월의 시간과 함께 여러 후손들이 대를 이어 완성했다는 것이 주목할 만한 점이다.

그렇다면 왜 당호를 '충효당'이라고 지었을까? 「서애연보」 권2에 보면, 류성룡은 그가 세상을 떠나기 3달 여전에 자제들을 불러놓고 마지막으로 7자 6 언시를 남기게 되는데, 그 시는 다음과 같다.

숲 속의 한 마리 새는 쉬지 않고 우는데	林間一鳥啼不息
문 밖에 나무 베는 소리가 쩡쩡히 들리네	門外丁丁聞伐木
한 기운이 모였다 흩어지는 것도 우연인데	一氣聚散亦偶然
평생 부끄러운 일 많은 것이 한스러울 뿐	只恨平生多愧怍
권하노니 자손들아 반드시 삼갈지라	勉爾子孫須愼旃
충효 이외 다른 사업은 없는 것이니라	忠孝之外無事業

서애 류성룡이 자제들에게 마지막으로 남긴 유시遺詩다. 생명이 다하는 순간까지 자신이 평생 행한 사업을 돌아보며 성찰하는 모습에서 깊은 울림을

충효당 전경

주고 있다. 그리고 그는 자제들에게 마지막으로 남긴 유언이 "나라에 충성하고 부모에게 효도하라"는 것이었다. 이후 '충효' 두 글자는 하회 류씨 충효당 문중의 정신적 가르침이 되어 후손들에게 계승되고 있다. 그 일례로 하회마을의 북촌을 대표하는 집인 북촌댁을 들 수 있다. 북촌댁의 북쪽 사랑채에 걸려있는 현판이 '화경당和敬堂'이고, 본채의 남쪽 사랑채(작은 사랑채)에 걸려있는 현판이 '수신와須愼窩'다. '화경당'은 서애 류성룡의 후손으로 정조 때 규장각 초계문신인 학서鶴棲 류이좌柳台佐(1763~1837)가 명명하였다. '화경'의 뜻은 '온화함으로 어버이를 섬기면 효이고, 공경으로 임금을 섬기면 충이다和以事親則孝 敬以事君則忠'고 하여, '화경'은 '충효'의 뜻과 별반 다르지 않다. 그리고 '수신와'의 의미도 류성룡이 남긴 유시遺詩 5구의 '권하노니 자손들아 반드시 삼갈지라勉爾子孫須愼旃'에서 인용하였는데, 이 역시 '충효' 두 글자를 강조한 말이다.

이렇듯 '충효당', '화경당', '수신와'의 당호 현판에서 확인할 수 있듯이 '충효'의 가치가 한 집안의 정신적 가치인 가풍家風과 가격家格으로 형성되어 후손들에게 대대로 이어오고 있음을 파악할 수 있다.

하회 북촌댁

한편 유서깊은 집안의 내력과 가풍을 600년 동안 올곧게 지켜왔기에 영국
의 엘리자베스 여왕이 1999년에 충효당을 방문하였으며, 이후 20년 만에 엘
리자베스 여왕의 차남인 앤드류 왕자가 이곳을 다시 찾아 어머니가 방문했던
발자취를 추억하였다.

보백당寶白堂

보백당 김계행金係行(1431~1517)은 점필재佔畢齋 김종직金宗直(1431~1492)과 신
교神交를 맺었으며, 늦은 나이인 50세(1480)에 과거에 급제한 후, 성균관 대사
성, 대사간 등을 역임했으나 만년에 낙향할 때까지 오로지 강직한 성품으로

부조리한 정치현실을 비판하는 상소를 여러 차례 올렸다. 특히 연산조 때 무오사화 이후 여러 차례 위험을 무릅쓰고 직간했지만 받아들여지지 않자 관직을 버리고 고향으로 돌아왔다. 그의 강직한 성품은 다음과 같은 일화에서도 확인할 수 있다.

> 하루는 김계행의 형의 아들 학조대사學祖大師가 "숙부께서는 오랫동안 과거시험장에서 곤욕을 당하셨습니다. 만일 관직을 얻으려고 하신다면 제가 힘을 좀 써 보겠습니다."고 하자, 김계행이 대뜸 성을 내어 "네 덕에 관직을 얻는다면 무슨 면목으로 사람들을 만나본단 말이냐!"하고는 아주 엄하게 질책하고 끊어 버렸다.

올바른 도리를 지켜 조금도 흔들리지 않는 김계행의 강직한 모습을 떠올려 볼 수 있다. 학조대사는 김계행의 조카이자 세조 때 국사國師였다.

68세(1498) 때 안동시 풍산읍 소산2리 설못[筲堤]에 별도로 작은 집을 짓고 현판을 '보백당'이라 하였다. 여기서 '보백'의 의미는 일찍이 자신이 지은

오가무보물 보물유청백

| 우리 집엔 보물이 없으니 | 吾家無寶物 |
| 보물은 오직 청백뿐이다 | 寶物惟淸白 |

라는 시구에서 인용하여 당호 현판으로 명명하였다.

그러나 그뒤 사화史禍에 연루되어 갖은 고초(3년간)를 겪은 뒤에 풀려났으며, 71세 때 안동 길안의 묵계촌黙溪村의 풍광에 심취하여 별장을 짓고 자연을 벗하며 오로지 자손들을 훈도하는 것을 일삼았다.

1517년 겨울에 그는 병이 위독하자 여러 자식과 조카들을 불러놓고, 선조의 유훈을 잘 받들어 효성과 우애를 지키고 집안의 명성을 실추시키지 말라

보백당 전경

　는 유언을 남기고 세상을 떠나니, 향년 87세였다.

　한마디로 '보백'의 당호 현판은 평생 청렴과 강직을 실천했던 김계행의 청백정신이 담겨있다. 아울러 그의 청백정신은 현재까지 후손들에 의해 이어지고 있다. 보백장학재단을 설립하여 관내의 청렴한 공직자나 가정형편이 어려운 우수학생들에게 장학금을 전달하여 지역사회에 청백정신을 일깨워주고 있다.

　오늘날 고위관료들이 비리에 연루되어 불명예스럽게 퇴진하거나 법의 심판을 받는 장면이 연일 지문지상을 통해 보도되고 있다. 국민을 위해 올바른 정치를 해야 함에도, 일신의 안위나 사리사욕에 빠져 추악한 모습으로 변해가는 고위관료들의 뒷모습을 보면서 많은 것을 되돌아보게 된다. 세상을 떠나는 순간까지 자손들에게 관료로서의 첫 번째 덕목인 '청백'의 의미를 일깨워 준 보백당 김계행의 고결한 인품이 그리워지는 때다.

용와慵窩

'용와'는 류승현柳升鉉(1680~1746)의 종택 별당 당호인데, 1987년 임하댐 수몰로 안동시 임동면 박곡동에서 구미시 해평면 일선리로 이건하였다.

그는 1719년(숙종 45) 문과에 급제한 후, 내직으로 예조 정랑, 공조 참의 등을 역임하였고, 외직으로 종성 부사, 함안 군수, 영해 부사, 풍기 군수 등을 역임하였다. 이인좌의 난(1728) 때 의병대장에 추대되어 활약하였으며, 특히 네 고을 수령으로서 선정을 베풀어 목민관의 모범을 보여주었다. 그런데 45세(1724) 무렵에 홀연히 벼슬을 버리고 고향으로 돌아와 박실[瓢谷]에 띠집 몇 칸을 짓고 '용와慵窩'라 하고 자신을 '용수慵叟'라고 일컬었다. 그리고 「용와음慵窩吟」이란 시를 지어 자신의 뜻을 드러내었다.

「용와음慵窩吟」

감실 같은 집을 지으니 게으름만 늘고	築屋如龕爲養慵
베갯머리 산골 물은 졸졸졸 흐르네	枕邊鳴澗玉琤琮
두보의 동쪽 대숲을 새로 옮기고	新移杜老東林竹
동파의 백학봉은 이미 사 두었네	已買坡公白鶴峯
소리 그윽한 창가엔 골짝 새가 날아오고	幽響近囱來谷鳥
녹음 짙은 난간에는 바위 솔이 드리웠네	濃陰滴檻倒巖松
사람들아 깊은 처마 너른 집을 말하지 마라	深簷廣廈人休說
무릎을 들이기엔 이 집도 넓으니	此室猶寬此膝容

이 시에서 그는 감실 같은 작은 집을 지어놓고 게으른 본성을 기르며, 두보와 소동파의 삶을 희구하고자 하는 뜻을 드러내었다. 특히 시의 마지막 7~8구절에는 도연명의 「귀거래사歸去來辭」의 "남쪽 창가에 기대어 오만한 마음 부치니, 무릎만 드려놓을 작은 집도 편안하기 쉬움을 알겠네.倚南窓以寄傲 審容膝

용와종택 전경

용와음

之易安"라는 구절을 인용하여, "사람들아 깊은 처마 너른 집을 말하지 마라. 무릎을 들이기엔 이 집도 넓으니."라고 하여, 관료로서의 사욕을 제어하고 담백하게 살고자 하는 삶의 자세를 확인할 수 있다. 더군다나 '용와'의 현판 글씨는 18세기 동국진체東國眞體의 '원교체圓嶠體'로 유명한 이광사李匡師(1705~1777)가 써서 당호의 품격을 더해주고 있다.

출사해서는 나라와 백성들을 위해 선정을 베풀었고, 은퇴해서는 '용와'라는 작은 집을 지어 청빈한 삶을 살아간 용와 류승현의 삶은 관료로서 추구해야 할 출처진퇴의 모습이 어떠해야 하는지를 단적으로 보여주고 있다.

오헌吾軒

'오헌'은 영주시 문수면 무섬마을에 있는 반남 박씨 박제연朴齊淵(1807~1890)의 당호다. 무섬마을은 17세기 중반(1666)에 박수朴檖(1641~1729)가 이곳에 처음 터를 잡은 이후, 선성宣城 김씨가 들어와 박씨 문중과 혼인하면서 오늘날까지 두 집안이 집성촌을 이

용와

영주 무섬마을 전경

루며 모듬살이를 해오고 있다.

낙동강 지류인 내성천과 서천이 마을동쪽 500m지점에서 합류하여 마을전체를 태극모양으로 한바퀴 휘감아 돌고 있어 마을이 마치 '물위에 떠있는 섬'과 같다고 하여 '무섬'이라 불리고 있다. 또한 풍수지리학상으로는 '매화낙지梅花落地', '연화부수蓮花浮水'의 형국이라 하여 길지吉地 중의 길지로 꼽힌다. 그래서 이 아름다운 전통마을이 2013년에 국가문화재(제278호)로 지정된 전국 7대 민속마을 중의 한 곳이며, 한국의 아름다운 길 100선에 선정된 곳이기도 하다.

박제연은 당대 영주지역의 큰 학자인 일포逸圃 박시원朴時源(1764~1824)의 문인으로, 1840년(34세) 문과에 급제한 후 성균관 전적, 사헌부 지평, 사간원 정언, 병조 참판 등을 역임하였다. 특히 조정에 있을 때 박규수朴珪壽, 박정양朴定陽으로부터 개화사상에 영향을 받았으며, 향리에 돌아와서는 봉건 신분사회의 틀을 깨는 개화 선각의 모범을 보여 사람들의 추앙을 받기도 하였다. 그는 거처하는 벽에 '충성하고 효도하며, 농사짓고 독서하자忠孝耕讀'라는 네 글자를 써서 걸어두고 평생의 신표로 삼았다.

만년에 거주하는 곳에 '오헌'이라는 현판을 걸고 자신의 호로 삼았을 뿐만 아니라 자신의 뜻을 드러내었다. '오헌'은 중국 진나라 도연명의 "새들도 깃들 곳 있음을 기뻐하니, 나도 또한 내 오두막집을 사랑하노라.衆鳥欣有托 吾亦愛吾廬"라는 시구에서 인용한 것으로, '소박한 집'에 살면서 세속의 부귀영화를 잊고 사물과 내가 하나가 되어 즐겁게 살아간다는 뜻을 드러내었다.

「오헌에서 그윽하게 살다吾軒幽居」

섬계 한 구비 물가에다	剡溪一曲流
조용한 나의 살 곳 정했도다	爲我卜居幽
푸른 초원에는 송아지 잠들고	草漲眠黃犢
맑은 백사장엔 해오라기 평온하네	沙明穩白鷗

산 빛은 집의 문을 비추고	山光當戶暎
물 형세는 난간을 둘러 떠있는 듯	水勢繞檻浮
어부와 나뭇꾼 얘기 끝나기 전에	未罷漁樵話
어느새 둥구달 누각위에 떠있네	於焉月上樓

그리고 이 현판은 1875년에 반남 박씨로 당대 최고의 개화사상가인 환재瓛齋 박규수朴珪壽(1807~1876)가 쓴 글씨이며, 특히 '오헌'이라고 명명한 의미를 현판의 여백에 작은 초서로 써서 그 조형성을 더해주고 있다.

오헌

가난하면 아첨하기 쉽고 부귀하면 교만해지기 쉬운 법이다. 오헌 박제연은 50년 동안 공직생활을 하면서 지위가 높을 때는 겸손하였고 지위가 낮을 때도 비굴하지 않은 삶을 몸소 실천하였다. '오헌'의 당호 현판이 우리들에게 무언의 가르침을 전해주고 있다.

선현들의 교육이념을 담고 있는 공간의 현판, 서원書院

　　조선시대 지방 교육은 주로 관학官學인 향교와 사학私學인 서원에서 이루어
졌다. 물론 이보다 앞서 사설 초등교육기관인 서당에서 학문의 기초를 배우기
도 하지만, 16세기 사림파가 정치의 주도권을 잡은 이후로는 성리학의 연구와
교육을 목적으로 세운 서원교육이 특히 중시되었다.

　　서원은 서당과는 달리 제사의 기능인 존현尊賢과 교육의 기능인 양사養士의
기능을 가졌을 뿐만 아니라, 엄격한 원규에 의해 운영되는 특징을 가졌다. 그
래서 서원은 지방 사림세력의 구심점이 되기도 하고, 나아가 중앙 정치세력의
재지 기반으로서의 기능을 수행하기도 하였다.

　　특히 국가가 인정해 주는 사액서원은 다른 서원에 비해 격이 높았을 뿐만
아니라, 글씨 또한 당대 최고의 명필이 썼다.

　　이들 서원의 현판은 설립목적과 기능에 맞게 교육이념이나 철학은 물론, 경
전이나 성현의 구절을 인용하여 심신을 수양하는 내용들을 담고 있다. 그래서
건물에 걸린 현판의 의미를 되새겨보면 그 서원 주인공이 지향한 학문정신을
엿볼 수 있다.

서원의 공간에는 다양한 의미의 현판들이 있다. 서원이 위치한 곳의 지명이나 선현의 교육이념을 담은 '서원' 현판을 위시하여 선현의 위패를 모신 '사우祠宇' 현판, 유생들의 강학 공간인 '정당正堂(강당)' 현판, 선생이나 원임들이 기거하는 강당 좌우 협실夾室 현판, 유생들의 기숙공간인 동·서재 현판, 서원의 출입문인 '문루門樓' 현판, 서적을 보관하는 '서고書庫' 현판, 책판을 보관하는 '장판각藏板閣' 현판, 제사를 준비하는 '전사청典祀廳' 현판, 서원 관리인이 거주하는 '고직사庫直舍' 현판 등이 있다. 그 외에도 기문이나 주련, 시를 적은 시판과 서원교육과 관련한 성현의 글과 국가에서 서원에 내려준 공식문서를 적어 넣은 현판 등이 있다.

　이들 다양한 현판에는 건물의 기능이나 용도에 맞게 의미를 부여해 준 현판이 있는가 하면, 서원 주인공의 교육이념이나 철학을 경전이나 성현의 문집에서 인용하여 명명해준 현판이 있다. 특히 서원의 당호堂號와 사우祠宇 현판의 의미를 자세히 새겨보면 그 서원 주인공이 지향한 교육정신을 알 수 있을 뿐만 아니라, 각 지역 서원간의 특징을 비교 분석할 수도 있다.

　교육공간의 현판을 들어보면, '정사精舍', '이사里社', '서당書堂', '서원書院' 현판 등이 있다. 구체적으로 제시해 보면, '이사' 현판으로는 구양리사龜陽里社(봉화), 녹동리사鹿洞里社 등이 있고, '정사' 현판으로는 겸암정사謙嵒精舍, 고산정사高山精舍, 귀암정사龜巖精舍, 농운정사隴雲精舍, 온천정사溫泉精舍, 청량정사淸凉精舍, 낙동정사洛東精舍(달성), 남산정사南山精舍(예천), 덕봉정사德峯精舍(경주), 도남정사禱南精舍, 삼호정사三乎精舍(성주) 등이 있으며, '서당' 현판으로는

녹동리사

옥연서당

고산정사

병산서원

대산서당大山書堂, 도산서당陶山書堂, 도생서당道生書堂, 동강서당東岡書堂, 마곡 서당磨谷書堂, 성남서당聖南書堂, 오계서당梧溪書堂, 옥연서당玉淵書堂, 운곡서당 雲谷書堂, 월천서당月川書堂, 감계서당鑑溪書堂(영주), 도림서당道林書堂, 낙연서당 洛淵書堂(왜관), 내산서당乃山書堂(고령), 녹동서당鹿洞書堂(봉화), 두릉서당杜稜書 堂, 송천서당松川書堂, 원계서당遠溪書堂(김천), 천곡서당泉谷書堂(예천), 청계서당 淸溪書堂(합천) 등이 있다.

그리고 '서원' 현판으로는 고산서원高山書院, 도산서원陶山書院, 동계서원東溪 書院, 마곡서원磨谷書院, 병산서원屛山書院, 분강서원汾江書院, 용계서원龍溪書院, 운계서원雲溪書院, 청계서원淸溪書院, 학암서원鶴巖書院, 남강서원南岡書院(청도), 이양서원尼陽書院(현풍), 단구서원丹邱書院(의성), 덕봉서원德峯書院(경주), 도계서 원道溪書院(봉화), 도천서원道川書院(성주), 명고서원明皐書院(영양), 반천서원槃泉書 院(봉화), 사계서원泗溪書院(영주), 산천서원山泉書院(영주), 삼봉서원三峯書院(영주), 오계서원迂溪書院(영주), 오천서원梧川書院(봉화), 원계서원遠溪書院(김천), 이양서 원伊陽書院(성주), 한천서원寒泉書院(영주) 등이 있다. 이 외에 용계서사龍溪書社, 사휴정려四休精廬, 선원강당仙原講堂, 괴호서숙槐濠書塾(영해), 법계서실法溪書室 (봉화), 부역서재鳧繹書齋(청도), 서산사우西山祠宇(함안), 성잠서실星岑書室(봉화), 중파재실中坡齋室(안강) 등이 있다.

이렇듯 개인이나 마을 공동 단위의 교육공간인 '정사'나 '이사'가 발전하면 '서당'이 되고, 더 나아가면 '서원'이 된다. 그리고 이들 교육공간의 현판은 대 체로 정사나 서당, 서원이 위치한 곳의 지명이나 선현의 학덕과 교육정신을 담 은 성현의 가르침에서 인용하였다. 몇 가지 구체적인 예를 들어보기로 한다.

마곡정사

마곡서당

마곡서원

덕봉정사

우선 교육공간이 위치한 곳의 지명에서 유래한 경우를 살펴보면, '구양리사龜陽里社'는 봉화 거촌리의 옛 이름인 '구동龜洞'에서 따온 것이고, '녹동리사'는 봉화 석평리 '노루골'이라는 지명에서 따온 것이며, '덕봉정사德峰精舍'는 경주 '대덕산大德山'의 '덕'자를 취해 명명하였고, '도남정사禱南精舍'는 경주 강동면 소재 도음산禱蔭山의 남쪽이라는 뜻이고, '청량정사淸凉精舍'에서 '청량'은 원래 불교용어로 해탈의 뜻을 지니고 있지만, 여기서는 청량산에 있는 정사라는 의미로 쓰였으며, '괴호서숙槐濠書塾'에서 '괴호'는 서숙이 있는 영해 '호지촌濠池村' 또는 '괴시槐市'라는 지명에서 인용하였다.

또한 '감계서당鑑溪書堂'은 서당이 있는 영주 부석 감곡리鑑谷里의 '감'자와 우계羽溪의 '계'자를 따온 것이고, '낙연서당洛淵書堂'은 낙동강 앞에 물이 흐르고 깊은 소沼가 있다는 데에서 취하였으며, '대산서당大山書堂'은 안동 일직의 대산 이상정 종가 뒤편의 '대석산大石山'에서 인용한 것이고, '도림서당道林書堂'은 영주 도봉산道峰山 아래 임고촌林皐村에서 유래하였으며, '두릉서당杜稜書堂'은 봉화 '두릉동杜稜洞'에서 인용하였고, '성남서당聖南書堂'은 안동 녹전의 '요성산堯聖山' 남쪽이라는 뜻이며, '오계서당梧溪書堂'은 안동 서후 저전리 오곡梧谷에서 인용하였고, '옥연서당玉淵書堂'에서 '옥연'의 의미는 낙동강이 흐르다가 서당이 위치한 곳에 이르러서는 깊은 못이 되었는데, 그 물빛이 깨끗하고 맑아 옥과 같은 까닭에 그 이름을 취하였으며, '온천정사溫泉精舍'는 안동 도산 온혜리의 지명에서 취하였고, '운곡서당雲谷書堂'은 안동 내앞의 '우무실'이란 지명에서 따온 것이며, '월천서당月川書堂'은 월천 조

월천서당

34

목이 살았던 앞강의 모습이 마치 초승달처럼 생긴 데서 유래한 '달내[月川]'라는 지명에서 인용하였다.

그리고 '남강서원南岡書院'은 서원이 비슬산 남쪽 언덕에 자리잡고 있는데서 인용한 것이고, '동계서원東溪書院'은 안동 예안 부포 마을 앞을 흐르는 하천[東溪]의 이름에서 따온 것이며, '병산서원屏山書院'은 서원 앞 낙동강을 끼고 흐르는 산이 병풍을 두른 듯이 펼쳐져 있는데서 따온 것이고, '분강서원汾江書院'은 낙동강변의 '분천汾川'에서 따온 것이며, '사계서원泗溪書院'은 영주 서쪽 수곡의 상류 '사계'라는 지명에서 따온 것이고, '오계서원迂溪書院'은 영주 평은의 간재 이덕홍이 성장했던 '오천迂川'의 지명에서 따온 것이며, '용계서원龍溪書院'은 서원이 위치한 뒷산이 와룡산이고, 그 산에서 흘러내리는 시내를 '용계'라고 한 지명에서 따온 것이며, '이양서원尼陽書院'에서 '이양'의 의미는 서원이 현풍 솔례의 주산인 '대니산戴尼山' 남쪽에 위치하고 있는 데서 명명한 것이고, '대니산'은 니구산尼丘山의 기를 받아 태어난 공자孔子를 떠받는다는 뜻을 지니고 있다.

한편 교육공간을 단순히 지명이나 지형에서 인용하지 않고 경전이나 성현의 구절에서 인용하여 중의적重意的인 뜻을 지니는 경우도 있다. 예를 들면 다음과 같다.

'겸암정사謙嵓精舍'는 『주역』「겸괘謙卦」 초육初六 상象에 "겸손한 군자는 몸을 낮추어 자신의 덕을 기른다. 謙君子 卑以自牧也"는 뜻을 취해 명명하였고, '농운정사隴雲精舍'는 도산서당의 유생들이 기숙하는 공간이다.

겸암정사

'농운'은 퇴계 이황이 양梁나라 은사隱士 도홍경陶弘景의 "산중에 무엇이 있는가. 언덕 위에 흰 구름이 많지. 다만 내 스스로 기뻐할 뿐, 이를 가져다가 그대에게 줄 수는 없네.山中何所有, 隴上多白雲, 只可自怡悅, 不堪持贈君"라는 시를 인용하여 명명하였는데, '농운'은 일반적으로 언덕, 또는 은자의 처소라는 뜻으로 쓰이지만 여기서는 향후 청렴한 선비가 되라는 깊은 뜻이 내재해 있다고 할 수 있다.

'삼호정사三乎精舍'에서 '삼호'는 『논어』 「학이學而」편의 "남을 위해 일을 도모하되 불충하지 않았는가. 벗과 교제함에 있어 신의를 잃은 바가 있었는가. 선생으로부터 전수받은 것을 익히지 않았는가.爲人謀而不忠乎 與朋友交而不信乎 傳不習乎"에서 그 의미를 취해 명명한 것으로, 일상에서 자신의 행동을 성찰하는 세 가지 기준을 항상 유념하여 노력한다는 뜻이 담겨 있다.

'역락서재亦樂書齋'는 『논어』 「학이學而」편의 "벗이 멀리서 찾아오면 또한 즐겁지 않겠는가.有朋自遠方來 不亦樂乎"에서 인용한 것으로, 학문적 동지를 소중히 여기는 뜻이고, '도산서당'은 옛날 이곳에 옹기 굽는 가마가 있었다고 해서 붙여진 이름이지만, 여기에는 퇴계 이황이 추구한 학문의 지향점을 알 수 있다. 다음 시를 보자.

순임금 친히 질그릇 구우며 안락하였고	大舜親陶樂且安
도연명 몸소 농사지으며 얼굴에 기쁨 넘쳤네	淵明躬稼亦歡顔
성현의 그 심사를 내 어찌 알리오	聖賢心事吾何得
백수로 돌아와 「고반」을 시험한다오	白首歸來試考槃[3]

도산서당이 완공되고 「도산잡영陶山雜詠」을 지었는데, 그 속에 실려 있는 「도산서당陶山書堂」이란 시다. 이황은 역사속의 인물 중에 순 임금과 도연명의 인품과 학문을 존모하였다. 그러나 내 같은 이가 성현의 심사를 어찌 알겠는가마는 그래도 늘그막에 고향으로 돌아와 순 임금과 도연명처럼 은거하여 자락自樂하는 삶을 살겠다는 뜻을 드러내고 있다.

---

3   이황, 『퇴계집』 권3, 「陶山書堂」 참조.

도산서당

高山書院

고산서원

'도생서당道生書堂'은 마을의 옛 이름인 '본곡本谷'에서 연유한 것인데, '본'은 『논어』「학이學而」편의 "군자는 근본에 힘을 써야 하니, 근본이 바로 서야 도가 생겨난다.君子務本 本立而道生"는 구절에서 유래하여 인용하였다.

'고산서원高山書院'은 이곳의 지명인 고암高巖과 암산巖山에서 한자씩 가져와서 명명했지만, 그 의미는 『시경·소아小雅』「거할車轄」의 "높은 산을 우러르고 큰길을 따라가네.高山仰止 景行行止"라고 한데서 인용한 것으로, 대산 이상정의 학문과 덕행을 크게 우러러 존모한다는 뜻을 지니고 있다. '반천서원槃泉書院'에서 '반천'은 어진 사람이 은퇴하여 한가로이 살고 있는 모습을 노래한 『시경·위풍衛風』「고반考槃」의 "은자의 거처가 시냇가에 있으니, 어진 자의 마음이 넉넉하도다考槃在澗 碩人之寬"라고 한 데서 이용하였고, '산천서원山泉書院'에서 '산천'의 의미는 『주역』「몽괘蒙卦 상象」에 "산 아래서 샘이 나오는 것이 몽이니, 군자가 이것을 보고 행실을 과단성 있게 하며 덕을 기른다山下出泉 蒙 君子以 果行育德"라고 한 데서 인용하였으며, '한천서원寒泉書院'은 과재果齋 장수희張壽禧(1516~1586)의 학덕을 추모하기 위해 영주시 문정리에 건립한 서원인데, 여기서 '한천'의 의미는 『시경』「개풍凱風」의 "맑고 시원한 샘물이 준읍 아래 있다네, 아들 일곱 있어도 어머니는 고생하네.爰有寒泉 在浚之下 有子七人 母氏勞苦"라는 구절에서 유래하여, '한천'은 부모를 그리워하거나 효도하기를 생각한다는 뜻으로 쓰인다.

이렇듯 교육공간의 현판은 공간이 위치한 지역의 이름에서 유래하거나 그 공간의 설립목적과 주인공이 추구하는 내용에 부합되게 경전이나 성현의 구절에서 그 뜻을 취해 명명하기도 하였다.

교육공간의 현판에 담긴 의미

다음으로는 교육공간에 게시된 다양한 현판가운데 특별한 의미를 담고 있는 현판을 살펴보기로 한다.

강린당講麟堂과 영미루咏薇樓

서인의 영수이자 척화파의 대표주자인 청음淸陰 김상헌金尙憲(1570~1652)의 절개와 지조를 존모하여 안동 풍산 서미리에 건립한 '서간정사西磵精舍'의 강당과 문루에 걸려있던 현판이다. '강린'은 『인경麟經』, 즉 『춘추』를 강론한다는 뜻이다. 『춘추』는 공자가 기록한 역사서로서, 한마디로 엄정하고 비판적인 태도로 대의명분을 밝혀 세우는 큰 의리를 말한다. 이는 곧 '춘추대의'가 청음 김상헌의 절의정신과 맞닿아 있다고 할 수 있다. 그리고 '영미'는 중국 은나라 말기 수양산에 들어가 고사리를 캐먹다 굶어 죽은 백이 · 숙제가 지은 '채미가采薇歌를 읊조린다.'는 뜻으로, 청나라인 오랑캐에 굴복하지 않고 절개를 지킨 김상헌의 지조를 상징한다.

공극루拱極樓와 공북헌拱北軒

단종에 대한 충절로 일관한 도촌桃村 이수형李秀亨(1435~1528)의 학덕을 추모하기 위해 1610년(광해 2)에 봉화군 도촌리에 건립한 도계서원道溪書院의 '누대'와 '헌'에 걸려있던 현판이다. '공극'과 '공북'은 『논

공극루

어』「위정」편의 "북극성이 제자리를 잡고 있음에 뭇별들이 그에게로 향한다. 北辰 居其所 而衆星 共之"라고 한데서 인용한 것으로, 모두 이수형의 단종에 대한 절의정신을 담고 있다.

서간정사
봉화 도계서원

농운정사

관란헌觀瀾軒

도산서당의 기숙공간인 농운정사의 서쪽 마루에 걸린 현판이다. '관란'은 '물결을 본다.'는 뜻으로, 『맹자』「진심 상盡心上」에 "물을 보는 데 방법이 있으니, 반드시 출렁이는 물결을 보아야 한다.觀水有術 必觀其瀾"고 한 데서 인용한 말이다. 파란만장한 물도 알고 보면 한 줄기 근원에서 시작하는 것이니, 현상을 뛰어넘어 본체道를 파악할 줄 알아야 한다는 뜻이다. 유생들이 기숙하는 '시습재時習齋'와 문자조합이 잘 어울린다고 할 수 있다.

이택재麗澤齋

안동 일직 귀미에 있는 오우당五友堂 김근金近(1579~1656)의 강학 장소에 후손들이 그의 유덕을 기려 세운 '생담정사笙潭精舍' 재齋의 현판이다. '이택'은

『주역』「태괘兌卦 상象」의 "두 개의 못이 서로 이어져 있는 것이 태이니, 군자가 이를 본받아 붕우 간에 강습한다.麗澤兌 君子以 朋友講習"라고 한데서 인용한 것으로, 벗들이 서로 도와서 절차탁마하는 것을 말한다.

묘계당妙契堂

진일재眞一齋 류숭조柳崇祖(1452~1512)의 학덕을 기리기 위해 봉화군 봉화읍 해저리에 건립한 송천서원松川書院 강당의 현판이다. '묘계'는 '깨달은 것이 절묘하게 계합된다.'는 뜻인데, 주자가 지은 「횡거선생찬橫渠先生贊」에 "정밀하게 사색하고 힘껏 실천하며, 묘하게 계합할 때마다 재빠르게 기록하였네.精思力踐 妙契疾書"라고 한데서 인용하였다. 북송의 장재張載는 밤에 자리에 누워 있다가도 의리에 대해 새로 깨달은 것이 있으면 바로 일어나서 붓으로 재빨리 기록해 두곤 하였다. 류숭조 역시 언해諺解의 효시라고 할 『칠서언해七書諺解』를 저술하여 큰 업적을 남기기도 하였다.

염수당念修堂

대은大隱 변안렬邊安烈을 비롯하여 백산栢山 변경회邊慶會(1549~1639)와 봉은鳳隱 변극태邊克泰(1654~1717)의 학문과 덕행을 존모하여 건립한 봉화군 봉화읍 거촌리에 있는 구양서원龜陽書院 강당 현판이다. '염수'는 『시경』「문왕」의 '너의 조상을 생각하지 않느냐, 이에 그 덕을 닦을지어다.無念爾祖 聿修厥德'에서 인용한 것으로, 특히 변경회와 변극태의 출천出天의 효성을 후손들이 본받겠다는 뜻을 담고 있는 것이 그 특징이라고 할 수 있다.

1. 봉화 구양서원
2. 염수당

도산서원과 역동서원 현판의 의미

도산서원은 크게 퇴계 이황 당대에 설립한 서당 건물과 후학들에 의해 건립된 서원 건물로 구분되는 이원적二元的 구조로 되어 있다. 1561년 이황이 만년에 도산서당을 설립하고 학문과 인격을 닦으며 제자들을 양성했는데, 이때 지은 건물이 도산서당을 위시하여 유생들의 기숙공간인 농운정사隴雲精舍 및 역락서재亦樂書齋이고, 서원 건물은 제자들이 퇴계 사후 그의 학덕을 추모하고 그의 가르침을 계승하기 위해 설립한 것이다. 서원 건물이 전저후고前底後高의 지형을 활용하여 내부 공간을 상하의 예禮에 적합하도록 위계적으로 구성한 것이라면, 서당 건물은 상대적으로 수평적이고 자연에 개방적인 경관을 보여준다.

퇴계 이황이 세상을 떠난 뒤 1574년 봄에 그의 제자들과 온 고을 선비들이 서당 뒤에 땅을 개척하여 서원을 짓기 시작하여 7월에 도산서원이 창건되었고, 이듬해인 1575년 8월에 낙성과 함께 선조 임금으로부터 석봉石峯 한호韓濩

도산서원

가 쓴 '도산서원陶山書院'이라는 현판을 사액받았으며, 1576년 2월에 사당을
준공하여 이황의 위패를 봉안하였다. 그 뒤 1615년에 이르러 월천月川 조목趙
穆(1524~1606)을 종향하였다. 도산서원은 대원군의 서원철폐 당시에 훼철되지
않고 존속된 47개 서원 가운데 하나이다. 1969년 사적 제170호로 지정되었으
며, 매년 2월과 8월 중정中丁에 향사를 지내고 있다.

도산서원의 공간은 경사진 지형을 활용하여 정문인 진도문進道門, 동재東齋
인 박약재博約齋와 서재西齋인 홍의재弘毅齋, 강당인 전교당典敎堂, 선생 또는
원임이 기거하는 강당 협실인 한존재閑存齋, 사당인 상덕사尙德祠가 위계적으
로 배치되어 있다.

정문인 '진도'는 도에 나아간다는 뜻인데, 이 도는 잠시도 떠날 수 없는 사람이 걸어가야 하는 올바른 길이며, 앞서 간 스승의 학덕을 부지런히 좇아 나아감으로써 도의 성취를 기약할 수 있다는 것이다. '진도문'은 유생들이 학문의 전당으로 들어가느냐 마느냐의 선택의 기로인 셈이다. 동재인 '박약재'는 『논어』「자한子罕」의 "안연이 크게 탄식하며 말하기를 '부자께서 차근차근히 사람을 잘 이끄시어 문文으로써 나의 지식을 넓혀주시고 예禮로써 나의 행동을 요약하게 해 주셨다.顔淵喟然歎曰 夫子循循然善誘人 博我以文 約我以禮"고 한데서 인용하였고, 서재인 '홍의재'는 『논어』「태백泰伯」의 "증자가 말하기를 '선비는 도량이 넓고 뜻이 굳세지 않으면 안 되니, 임무는 무겁고 갈 길이 멀기 때문이다. 인을 자기의 임무로 여기니 무겁지 않겠으며, 죽은 뒤에야 그만두니 멀지 않은가?曾子曰 士不可以不弘毅 任重而道遠 仁以爲己任 不亦重乎 死而後已 不亦遠乎"라고 한데서 인용하였다. 동재 '박약'의 의미는 학문의 내용을 뜻하고, 서재 '홍의'의 의미는 학문의 자세를 뜻하는 것으로 해석된다.

서원 강당인 '전교당'은 오전五典 즉 오륜五倫을 가르친다는 뜻으로, '인륜을 밝힌다'는 '명륜明倫'의 의미와 별반 차이가 없다. 그리고 강당의 서쪽에만 스승이 거처하는 방인 '한존재'를 두었고, 동쪽은 사당을 올려보는 쪽이므로 비워두었다. '한존'은 『주역』「건괘, 문언전文言傳」의 "평상시 말을 신의 있게 하고 평상시 행동을 삼가서, 사악함을 막고 그 성실함을 보존한다.庸言之信 庸行之謹 閑邪存其誠"고 한데서 인용하였다. 이황은 마음을 수양하는 방법으로 경敬을 강조했는데, '한존'은 외부의 사악함을 막고 내부의 천성天性인 참된 마음을 보존함을 강조한 것이다. 그리고 존현의 공간인 사당은 퇴계 이황의 학덕을 존숭하여 '상덕사'라고 하였다.

한편, 도산서원 현판의 의미를 알아보려면 먼저 역동서원 현판의 의미를 알아보아야 한다. 왜 그럴까? 역동서원은 퇴계 이황이 행해온 일련의 서원창설 운동의 대미를 장식하였을 뿐만 아니라, 이황 자신이 직접 제자들과 터를 잡고 건물을 짓고, 그 건물 하나하나에 이름을 부여했기 때문이다.

1. 역동서원 전경
2. 역동서원

　역동서원은 퇴계 이황의 발의로 여말의 학자 우탁(1263~1342)의 학덕을 기리기 위해 1567년 예안 부포리 오담鰲潭 가에 창건하였다. 이황은 역동서원 정문은 입도문入道門, 동재東齋는 사물재四勿齋, 서재西齋는 삼성재三省齋, 정당正堂(강당)은 명교당明教堂, 선생 또는 원임이 기거하는 정당 왼쪽의 익실翼室은 정일재精一齋, 정당 오른쪽의 익실은 직방재直方齋, 사당은 상현사尙賢祠로 명명하였다.

　'입도'는 진리를 추구하는 학문의 전당으로 들어간다는 의미이고, 동재인 '사물재'는『논어』「안연」의 "예가 아니면 보지도 듣지도 말하지도 행동하지도 말라.非禮勿視 非禮勿聽 非禮勿言 非禮勿動"는 구절에서 인용한 것으로, 안자가 인仁을 행하는 공부 방법을 말한 것이며, 서재인 '삼성재' 역시『논어』「학이」의 "증자가 말하기를 '나는 날마다 세 가지로 내 몸을 살피나니, 남을 위해 도모하되 불충하지 않았는가. 벗과 교제함에 있어 신의를 잃은 바가 있었는가. 선생으로부터 전수받은 것을 익히지 않았는가.吾日三省吾身 爲人謀而不忠乎 與朋

友交而不信乎 傳不習乎'"에서 인용한 것으로, 증자가 덕에 들어간 요체이기도 하다. 서원 정당(강당)인 '명교당'은 '오교(오륜)를 밝힌다'는 뜻으로 이는 '명륜明倫'의 의미와 동일하다. 그리고 정당 좌우의 협실 중에 '정일재'는 『서경』「대우모大禹謨」의 '인심은 위태하고 도심은 은미하니, 오직 정밀하고 일관되게 하여 진실로 그 중도中道를 잡아야 한다. 人心惟危 道心惟微 惟精惟一 允執厥中'라는 16자 심법心法에서 인용했는데, 이는 순임금이 우임금에게 마음을 전한 법이고, '직방재'는 『주역』「곤괘坤卦」 문언文言에 "군자는 경으로써 내면을 곧게 하고, 의로써 외면을 바르게 하니, 경과 의가 확립되어 덕이 외롭지 않다. 君子敬以直內 義以方外 敬義立而德不孤"에서 인용했는데, 이는 주공과 공자가 역에서 곤坤[땅]의 덕의 두터움厚을 체득한 학문이다. 사당은 우탁의 현덕賢德을 숭상하여 '상현사'라 하였고, 서원 전체의 이름을 '역동'이라 한 것은 한漢 나라 때 역학에 능통한 정관丁寬의 고사에서 '역이 이미 동으로 갔다. 易已東矣'는 구절을 들어, 여말 역학에 뛰어난 우탁의 학문을 높이 숭상했기 때문이다.

이제 도산서원과 역동서원 현판의 의미를 비교해 보기로 한다. 먼저 서원 정문인 '진도문'과 '입도문', 그리고 기숙공간으로 동·서재인 '박약재'·'홍의재'와 '사물재'·'삼성재', 강당인 '전교당'과 '명교당', 강당의 좌(우)협실인 '한존재'와 '직방재'·'정일재', 제향공간으로 사당인 '상덕사'와 '상현사'를 비교해보면, 두 서원 공간의 현판의 의미와 그 의미를 인용한 경전의 출전이 한 치의 어긋남이 없이 일치하고 있음을 확인할 수 있다. 유생들의 기숙공간인 동·서재는 『논어』에서 공자의 수많은 제자 중에 유독 안자와 증자가 한 말에서 가져온 것이며, 스승이 기거하는 공간인 협실은 공자가 찬한 『주역』의 건·곤괘의 「문언전」에서 그 의미를 취하였다. 이는 서원에서의 스승과 유생의 관계를 공자와 그의 수문首門으로 설정하고, 아울러 공자와 같은 훌륭한 스승 밑에서 학문과 인품을 연마하여 안자와 증자 같은 인물이 배출되기를 바라는 상징성이 있다고 하겠다.

또한 두 서원의 현판의 의미를 가만히 살펴보면 퇴계 이황의 교육 관점을 파악할 수 있다. 사방으로부터 공부하고자 하는 유생들이 학문의 전당인 서원으로 찾아드는 '입도'의 과정, 그리고 동·서재에 기거하면서 사서四書의 학문 체계를 익히는 과정, 사서를 바탕으로 당에 올라가 성인의 학문인 '삼경三經'을 연마하는 '승당升堂'과 '입실入室'의 순서로 되어 있다. '절탁切琢으로 말미 암아 차마磋磨에 이르고, 문장門墻에 들어가서 당堂 안의 깊은 곳을 엿볼 수 있다'[4]고 한 이황의 언표에서 확인할 수 있듯이, 그만큼 이황은 현판의 의미를 통해 유생들에게 학문의 차서次序를 강조하였다.

도산서원 현판은 누가 명명했는지 현재로선 알 수 없다. 그러나 퇴계 이황이 직접 명명한 역동서원 현판의 의미와 동일함을 알 수 있다. 그렇다면 도산 서원 현판은 이황의 무언의 가르침을 그의 제자들이 잘 받들어 계승하고 있음을 확인할 수 있다.

안동을 비롯한 경북지역 서원 현판의 특징

안동을 비롯한 경북 북부지역은 퇴계학파의 중심지로서 골골마다 그들의 학문의 수양처였던 서원이나 정자가 온존해 있어 그야말로 인재의 보고寶庫요 문헌文獻의 고장이라고 할 수 있다. 그런데 수많은 서원중에 퇴계 이황과 그 제자들에 의해 건립된 서원 현판의 의미를 들여다보면 여타 지역의 서원 현판의 의미와 다르다는 점을 확인할 수 있다. 여기에는 사학私學인 서원건립을 통해 관학官學의 병폐를 대신하고자 하는 퇴계 이황의 교육철학이 내재해 있다고 할 수 있다. 우선 서원 강당과 사당의 현판을 통해 도산서원과 역동서원 현판의 특징을 알아보기로 한다.

서원의 강당과 사당의 현판은 그 서원 주인공의 평소 학문적 특장과 관련하여 명명하는 것이 보편적이다. 그러나 이황과 그 제자들에 의해 건립된 서

---

4   이황, 『퇴계집』 권42, 「易東書院記」. "由切琢而致磋磨, 入門墻而覗堂奧."

원은 다른 지역 서원과는 다르다. 먼저 서원 강당의 현판에 대해 알아보기로 한다. 도산서원 강당 현판은 '전교당典教堂'이고, 역동서원은 '명교당明教堂'이며, 청계 김진과 다섯 아들을 모신 사빈서원泗濱書院과 농암 이현보를 모신 분강서원은 '홍교당興教堂'이고, 마곡서원은 '오교당五教堂'이다. 심지어 이황의 제자인 서애 류성룡을 모신 병산서원과 성재 금난수를 모신 동계서원東溪書院은 '입교당立教堂'이고, 간재 이덕홍을 모신 오계서원은 '명륜당'이다. 여기서 '전교', '명교', '홍교', '오교', '입교'의 의미는 '오륜五敎을 가르친다'는 뜻이며, '오교' 즉 '오륜'은 바로 유학의 구체적인 교육내용으로, 인

전교당

명교당

입교당

간관계에서 가장 중요한 부자, 군신, 부부, 장유, 붕우관계를 말한다.

반면, 퇴계 이황의 학문영향권에서 벗어난 여타지역, 이를테면 회재 이언적을 모신 경주의 옥산서원玉山書院 강당은 '구인당求仁堂'이고, 한훤당 김굉필을 모신 현풍의 도동서원道東書院은 '중정당中正堂'이며, 일두 정여창을 모신 함양의 남계서원灆溪書院은 '명성당明誠堂'이고, 사계 김장생을 모신 논산의 돈암서원遯巖書院은 '양성당養性堂'이며, 하서 김인후를 모신 장성의 필암서원筆巖書院은 '청절당淸節堂'이다. 이들 서원 강당의 의미는 한결같이 서원 주인공이 지향한 학문적 장처長處나 성리학의 핵심인 심성수양과 관련하여 현판이 명명되었다.

구인당

중정당

양성당

청절당

뿐만 아니라 이 같은 연장선에서 서원 사당 현판의 의미를 살펴봐도 이황과 그의 제자들이 건립한 서원 사당의 명칭은 다른 지역 서원 사당과는 다른 점을 알 수 있다. 우선 도산서원은 '상덕사尙德祠', 역동서원은 '상현사尙賢祠', 그리고 분강서원은 '숭덕사崇德祠', 삼계서원은 '경현사景賢祠', 사빈서원은 '경덕사景德祠', 병산서원은 '존덕사尊德祠', 의성의 단구서원丹邱書院은 '숭현사崇賢祠'인데, 여기에서 '상덕', '상현', '숭덕', '경현', '경덕', '존덕', '숭현'의 의미는 서원 주인공이 추구한 학문적 특장과는 아무런 관계없이 현덕賢德을 갖춘 분을 모신다는 지극히 일반적이고 보편적인 의미를 지니고 있다. 반면에 순흥의 소수서원紹修書院은 '문성공묘文成公廟', 옥산서원은 '체인묘體仁廟', 돈암서원은 '숭례사崇禮祠', 필암서원은 '우동사祐東祠'이다. 이들 사당 현판은 서원에 모셔진 주인공의 시호나 학문적 특장을 취해 명명하였다.

요컨대, 도산서원과 역동서원을 비롯하여 퇴계 이황과 그 제자들이 세운 서원 강당 현판의 의미는 한결같이 '인륜을 밝힌다明人倫'는 뜻으로 명명되어진 반면, 여타 다른 지역 서원 강당 현판의

역동서원 상현사   돈암서원 숭례사

의미는 그 서원 주인공의 학문적 특장이나 성리학의 핵심인 심성수양과 관련
하여 명명되어진다는 것이다. 아울러 서원 사당 현판의 의미도 이황과 그 제
자들에 의해 지어진 서원은 '현덕'을 갖춘 분을 모신다는 보편적인 의미를 지
니고 있는 반면, 다른 지역의 서원인 경우에는 대부분 서원 주인공의 학문적
특장과 관련되어 있다.

　퇴계 이황이 서원 현판을 이렇게 명명한 데에는 나름의 깊은 뜻이 있다고
생각한다. 이황은 인생의 마지막 순간까지 서원을 건립하여 위기지학爲己之學
을 통한 군자유君子儒를 양성하고자 하였다. 군자유를 양성하기 위해서는 기
존의 관학의 제도에서는 실현하기 불가능하다고 생각하였다. 그가 추진했던
서원창설운동은 바로 당시 관학의 폐단을 바로잡기 위한 것이었다. 그래서 단
순히 서원이 개인의 사설 교육기관이 아니라 관학인 향교 '명륜당明倫堂'의
'명륜'을 대신할 수 있는, 즉 '사학私學의 공교육화 추구'라는 중요한 의미가
내재해 있다고 생각한다.

자연과 어우러진 공간의 현판, 누정樓亭

　뛰어난 자연경관을 감상하기 위해 지은 건물에는 '누樓', '대臺', '각閣', '사榭' '정亭' 등이 있는데, 누정은 누각樓閣과 정자亭子의 약칭이다. '누'가 공적인 용도로 쓰여 규모가 큰 것에 비해 '정'은 사적인 공간으로 '누'보다 작은 규모로 지어지는 것이 일반적이다.

　누정은 선비들이 모여 경치를 감상하며 풍류를 즐기던 장소로서 선비들의 세계관이 반영된 중요한 건축물이다. 또한 현실적인 공간으로 심신을 수양하는 장소, 후학들의 교육의 장소, 문학에 대해 토론의 장소이기도 하며, 종회宗會나 동회洞會, 나아가 사림의 뜻을 하나로 결집하는 회합의 장소이기도 하였다.

　이처럼 다양한 기능에 걸맞게 누정은 대체로 산수경관이 뛰어난 계곡이나 강, 해안가, 또는 언덕 위나 산정에 자리 잡고 있다. 한결같이 주변의 자연을 거스르지 않고 주변 환경과 하나로 어우러져 조화를 이룬다. 그러기에 누정의 명칭과 현판의 서체도 누정이 위치한 곳의 산수와 가장 잘 어울리는 것을 택하였으며, 현판에 담긴 의미도 다채롭기 그지없다.

　자연물이 주는 상징적 의미를 닮으려는 마음가짐을 비롯하여 부모에 대한

효성과 형제간의 우애, 그리고 윤리도덕
과 출처의리, 집안의 화목, 겸손과 삶의
반추, 귀거래의 지향 등 다양한 의미를 담
고 있다.

탁청정 퇴계시판

무엇보다 누정은 선비들의 자기 정화와
수양을 중시하는 공간으로서의 역할 뿐만
아니라, 선비들의 여유와 풍류를 담고 있
다. 또한 누정에 걸려있는 많은 시판詩板
에는 선비들의 자연을 사랑하는 산수애호정신과 자연과 인간이 하나라는 천
인합일天人合一의 자연관이 나타난다.

안동을 비롯한 경북북부 지역은 누정문화의 산실이라고 할 수 있다. 그만큼
누정을 건립할 수 있는 경제적 기반과 인문지리적 환경, 그리고 누정문화를 향
유할 수 있는 선비들이 다른 지역보다 많이 배출되었다는 것을 의미한다.

누정의 공간에는 다양한 의미의 현판들이 있다. 누정을 짓게 된 배경을 종
합적으로 기록한 '기문판記文板'을 위시하여 누정에서 바라본 주위경관을 문학
적으로 형상화한 '시판詩板', 건물 주인공이 남긴 시나 대표적인 글을 택해 걸
어놓은 '주련판柱聯板', 누정의 공간에 사람이 기거할 수 있는 주사廚司 공간에
걸린 각종 현판, 누정이 위치한 곳과 누정 주인공의 삶의 가치관이나 지향점
을 투영하여 명명한 '누정樓亭' 현판 등이 있다. 아울러 주변의 자연암석에 누
정과 관련한 글귀가 암각되어 있는 경우도 있다.

우리 지역의 누정 현판을 살펴보면, 겸암정謙菴亭, 고산정孤山亭, 귀래정歸來
亭, 낙고정洛皐亭, 니산정泥山亭, 대야정大埜亭, 동암정東巖亭, 만우정晩愚亭, 만휴
정晩休亭, 몽선각夢仙閣, 무릉정武陵亭, 반구정伴鷗亭, 백운정白雲亭, 백율원百栗園,
벽간정碧澗亭, 산수정山水亭, 삼가정三檟亭, 삼구정三龜亭, 손암정遜巖亭, 양괴정兩
槐亭, 요산정樂山亭, 기욕정沂浴亭, 용암정龍巖亭, 우송정友松亭, 일원정一源亭, 자
운정紫雲亭, 체화정棣華亭, 취담정翠潭亭, 침간정枕澗亭, 침류정枕流亭, 침산정枕山

亭, 탁청정濯淸亭, 파산정巴山亭, 태고정太古亭, 계정溪亭(상주), 군자정君子亭(영주), 뇌풍정雷風亭(봉화), 대송정對松亭(봉화), 류천정柳川亭(문경), 만귀정晩歸亭(성주), 만풍정晩楓亭(울산), 만향정晩香亭(경주), 반계정盤溪亭(밀양), 반송정盤松亭(영덕), 방화정訪花亭(달성), 부운유수각浮雲流水閣(성주), 사덕정俟德亭(봉화), 사미정四未亭(봉화), 삼수정三樹亭(예천), 三湖亭(예천), 삼휴정三休亭(영천), 선몽대仙夢臺(예천), 야옹정野翁亭(예천), 옥간정玉磵亭(영천), 옥류암玉溜庵(봉화), 운심정雲深亭(영천), 이회정以晦亭(고령), 칠인정七印亭(흥해), 침천정枕泉亭(영덕), 태고와太古窩(영천), 하암정下巖亭(영주), 하한정夏寒亭(영주), 환수정環水亭(봉화) 등이 있다.

이들 누정 현판은 누정이 위치하고 있는 지명이나 지형에서 유래하여 이름을 붙이기도 하지만, 누정의 용도에 맞게 수양이나 여유, 그리고 풍류의 의미를 담아 명명하였다. 구체적인 예를 들어보기로 한다.

우선 계정 · 낙고정 · 니산정 · 대야정 · 동암정 · 류천정 · 만풍정 · 무릉정 · 삼호정 · 손암정 · 양괴정 · 옥간정 · 용암정 · 취담정 · 침간정 · 침산정

삼수정 전경
선몽대 전경

· 파산정 · 하암정 · 하한정 · 함벽당 · 환수정 등은 누정이 위지한 곳의 지명이
나 지형에서 유래하여 이름을 붙였고, 고산정 · 군자정 · 방화정 · 탁청정 등은
자연물이 주는 상징적 의미를 닮으려는 마음가짐을 담고 있으며, 만휴정 · 반
구정 · 백율원 · 벽간정 · 산수정 · 삼휴정 · 선몽대 · 야옹정 · 욕기정 · 운심정 ·
침류정 · 침천정 · 태고와 등은 은거하여 자연과 함께 유유자적한 삶을 추구하
고자 하는 뜻을 나타내었다. 그리고 삼구정은 부모에 대한 효성을, 체화정은
형제간의 우애를, 삼가정 · 삼수정은 자식에 대한 훈육을, 일원정 · 칠인정은
집안의 화목과 친목을, 자운정은 대인의 출생을, 귀래정 · 만귀정은 귀거래 지
향을, 겸암정 · 만우정 · 사덕정은 겸손과 내면의 수양을, 백운정은 선조에 대
한 그리움을, 반계정은 출처의 의리를, 대송정 · 만향정 · 옥류암 · 우송정은 지
조와 절개를, 뇌풍정 · 몽선각 · 사미정 · 요산정 · 이회정은 학문자세나 문장지
향의 의미를 담고 있다.

여기서는 안동의 대표적 정자인 백운정, 귀래정, 체화정, 삼구정을 소개하기로 한다.

백운정白雲亭 : 효사孝思의 마음을 의탁했던 추모의 공간

백운정은 귀봉龜峯 김수일金守一(1528~1583)이 안동시 임하면 임하리에 세운 정자이다. 제산霽山 김성탁金聖鐸의 「백운정중수기白雲亭重修記」에 의하면, 청계靑溪 김진金璡(1500~1581)이 터를 잡은 부암傅巖 위에 그의 아들인 귀봉 김수일이 1568년(선조 1)에 지었다고 하였으며, 『영가지永嘉誌』 누정樓亭 조에는 "김진이 세우고, 그의 아들 수일이 옛 제도에다 더 늘려 지었다."고 하였다. 1986년 경상북도 문화재자료 제175호로 지정되었다.

귀봉 김수일은 어려서 가학으로 글을 익힌 뒤 퇴계 문하에 나아가 수학하였으며, 특히 심학心學에 대해 질의할 때 논리가 명백하고 통철하여 선생에게 각별한 칭찬을 받았다고 한다. 혼인 후 처가가 있는 일직 귀미에서 귀촌龜村 류경심柳景深(1516~1571), 성남星南 장문보張文輔(1516~1566), 진사 이중립李中立(1533~1571) 등과 귀담서당龜潭書堂을 창건하여 인재양성과 향풍계도에 힘을 쏟았다. 28세(1555, 명종 10)에 생원시에 합격하고, 42세(1570)에 아우 김명일과 대과 응시를 위해 서울에 갔다가 아우의 건강이 위급하자 서둘러 귀향길에 올랐으나 결국 중도에서 아우를 잃고 말았다. 그 뒤 과거를 단념하고 형님을 대신해서 부모봉양과 집안의 대소사를 다스리는데 전념하였다. 특히 '백운정'을 짓고는 아름다운 계절이나 좋은 날에 노인들과 벗들을 맞이하여 잔치하고 시를 짓기도 하였다. 부친이 세상을 떠난 뒤로는(1580) 여막을 짓고 3년간 시묘하였고, 상복을 벗은 뒤 유일遺逸로 추천받아 자여도 찰방에 임명되었다. 사은숙배하기 위해 서울로 올라갔는데, 1583년 향년 56세로 그곳에서 세상을 떠났다.

백운정 현판의 의미

'백운정'에는 '백운정' 현판을 비롯하여 조양문朝陽門, 이요문二樂門과 청계 김진, 약봉 김극일, 귀봉 김수일, 학봉 김성일, 운천 김용, 표은 김시온과 동악 이안눌 등 많은 이들의 시판이 걸려있다.

'백운'의 의미는 당나라 초기의 현신인 적인걸狄仁傑의 "높은 산에 올라가 흰 구름 바라보니, 그리운 부모님 그 아래 계시네.登高山望白雲 思親在其下"라는 구절에서 인용한 것으로, 여기서 '백운'의 이미지는 목가적牧歌的인 뜻을 지닌 것이 아니라 '선영이나 부모형제가 계신 고향'을 의미한다. 실제 정자에 올라 반변천 건너편을 바라보면 의성 김씨 종택과 내앞 마을이 한 눈에 들어오며, 서북쪽으로 개호송 숲 너머에 청계 김진의 윗대 묘소가 보인다.

정자 좌우의 주사廚舍로 들어가는 중문과 마루 동편에 '조양문'과 '이요문' 의 현판은 모두 퇴계 이황의 친필이다. '조양문'은 『시경·대아』「권아卷阿」에 "봉황이 우네, 저 높은 언덕에서. 오동이 자라네, 저 해 뜨는 곳에서.鳳凰鳴矣 于彼高岡 梧桐生兮 于彼朝陽"라는 구절에서 취했는데, 이것을 줄여서 '봉황이 해 뜨는 언덕에서 운다鳳鳴朝陽'라고 하는 것이며, 이는 곧 태평 시대의 상서로운 조짐을 의미한다. '이요문'은 『논어』「옹야」에 공자가 "어진 사람은 산을 좋아 하고 지혜로운 사람은 물을 좋아한다.仁者樂山 智者樂水"고 했는데, 한마디로 좋은 산수의 즐거움을 누린다는 뜻이다. 특히 '이요문' 현판에는 작은 글씨로 세로로 '도산심획陶山心畵'이라고 쓰여 있는데, 글씨를 대하는 퇴계 이황의 마 음가짐을 엿볼 수 있다. 또한 '백운정' 글씨는 조선시대 전서篆書의 대가로 알 려진 미수眉叟 허목許穆(1595~1682)이 썼다. 좌측에 '구십노인서九十老人書'라고 쓰여 있지만, 실제로 그는 88세의 나이로 세상을 떠났다.

'백운정' 현판의 의미는 한마디로 청계 김진 이래 그 자제들이 부모님을 사 무치게 그리워하는 효사孝思의 마음을 부친 것이라고 할 수 있다.

정자 안에 걸려 있는 많은 시판 중에 귀봉 김수일이 어느 날 정자에 올라

백운정 전경

감흥을 읊은 시를 감상해 본다.

「강정에서 우연히 읊조리다在江亭偶吟」

고을 성 서북쪽 낙동강 물 가	州城西北洛江湄[5]
푸른 산 언덕에 작은 정자 우뚝하네	靑嶂開成小閣危
재자들은 한가한 틈에 와서 주역 읽고	才子乘閒來讀易
대형은 술 가져와 앉아 시를 읊조리네	大兄携酒坐吟詩
구름 거둔 먼 골짝에 산은 그림 같고	雲收遠壑山如畫
바람 멈춘 깊은 연못에 물은 고요하네	風定深潭水似砥
지난 밤 잔물결이 밝은 달을 흔드노니	向夕微瀾搖朗月
절승에서 신녀가 구슬을 희롱할 때라네	絶勝神女弄珠時

백운정 시판

백운정 주위 풍광의 빼어남을 묘사하는 가운데 그 속에서 형제들과 학문을 강론하기도 하고 시주詩酒의 여흥을 즐기기도 하는 모습을 묘사하였다.

백운정은 귀봉 김수일 형제들이 함께 학문을 연마했던 곳이며, 나아가 부친인 청계 김진에 대한 '효사孝思'의 마음을 의탁했던 추모의 공간이었다. 임하댐으로 주위경관이 다소 변했다지만 백운정 언덕 아래 유유히 흘러가는 반변천은 의성 김씨 내앞마을의 역사를 상징하듯 예나 지금이나 쉼없이 흐르고 있다.

---

5 시판에는 '주(州)' 자가 '현(縣)' 자로 되어 있다.

귀래정歸來亭 : 산수와 벗하며 유유자적한 삶을 추구한 공간

귀래정은 고성 이씨 안동 입향조 이증李增의 아들 낙포洛浦 이굉李汯(1440~
1516)이 1513년(73세) 벼슬에서 물러나 낙동강이 합수되는 안동시 정상동에 건
립한 정자이다.

이곳은 그의 아버지가 일찌감치 터를 잡아 별장을 만들고자 했으나 그 뜻
을 이루지 못했는데 그가 유업을 이은 것이라고 할 수 있다. 이중환의 『택리
지』에 안동의 정자 가운데 임청각臨淸閣의 군자정君子亭, 하회河回의 옥연정玉
淵亭과 함께 그 으뜸으로 뽑힐 만큼 정자의 주위경관이 빼어났다. 1985년 지
방 문화재자료 제17호로 지정되었다.

낙포 이굉은 효성과 우애가 두터웠으며, 시문에도 능했다고 한다. 25세(1465)
에 사마시에 합격했고, 40세(1480)에 문과에 급제한 뒤, 세자시강원 문학, 사간원 헌납, 사헌부 지평, 공조 정랑, 청도 군수, 상주 목사 등에 임명되었다.

1504년 갑자사화가 일어나자 한훤당 김굉필의 일당으로 몰려 관직이 삭탈되었으며, 중종반정 뒤 다시 개성 유수로 기용되었다가 1513년 사직하고 안동에 낙향하였다. 그리고 부성府城 건너편 낙동강 남쪽 언덕에 귀래정을 짓고 강호에 소요하며 유유자적한 삶을 영위하였다.

그는 부모에게 효도하고, 형제간에 우애가 있고, 벗과 사람을 대할 때 각각 마음과 예의를 다함에 남들이 모두 좋아하였다. 지은 시문은 평담平淡하여 동년배들의 추중推重을 받았다.

귀래정 현판의 의미

귀래정에는 '귀래정' 현판을 비롯하여 낙포 이굉의 원운原韻과 농암 이현보, 송재 이우, 택당 이식, 백사 윤훤尹暄 등 명사들의 시판과 본손 20여명의 차운 시판이 걸려 있다.

'귀래정'에서 '귀래'의 의미는 중국 동진東晉의 도연명이 지은 「귀거래사歸去來辭」 첫 구절에 "고향으로 돌아가세, 전원이 거칠어지는데 어찌 돌아가지 않으리.歸去來兮 田園將蕪 胡不歸"라는 유명한 구절에서 인용한 것으로, 관직에서 물러나 전원에서 산수와 벗하며 자족적인 삶을 영위하려는 뜻이 담겨있다. 특히 '귀래정' 현판 글씨는 '초성草聖'으로 불릴 정도로 초서에 뛰어났던 조선 중기 서예가 고산孤山 황기로黃耆老(1521~1575)가 쓴 글씨로 현판의 품격을 더해주고 있다.

많은 시판 중에 이굉이 귀래정을 짓고 「스스로 읊조리다自詠」[6]라는 시를 감상해 본다.

높이 솟은 외론 정자 인가와 마주하니   孤亭兀兀隔人家[7]

---

6   아래 시판에는 '「자제(自題)」'로 되어 있다.

짧은 노 가벼운 배 그 흥취 어떠하리	短棹輕舟興若何
강 가는 아득하여 푸른 이내와 어울리고	江上杳冥靑靄合
산 중은 기뻐한 듯 흰 구름이 자욱하네	山中怡悅白雲多
누가 대삿갓을 쓰고 낙조를 향할까	誰將篛笠衝殘照
홀로 낚대 잡고 저문 백사장 걸어보네	獨把漁竿弄晩沙
부귀는 뜻밖에 오는 지라 내 이미 물리쳤으니	富貴儻來吾已退
짚신 신고 날마다 강변을 거닐도다	芒鞋日日傍江涯

산수와 벗하여 욕심없이 자족적인 삶을 즐기려는 모습이 한 폭의 수채화처럼 묘사하였다.

귀래정 시판

분주한 세상일을 잊고 전원에서 산수와 벗하며 유유자적한 풍류를 즐기는 귀래정 주인 이굉의 삶은 그의 아우 이명李洺이 귀거래하여 임청각을 건립하고 자적한 삶을 살아간 모습에서도 확인할 수 있다. 브레이크 없이 질주하는 무한경쟁시대에 '귀래정' 현판의 의미가 새삼 내 자신을 되돌아보게 한다.

체화정棣華亭 : 우애와 효성이 깃들인 공간

체화정은 예안 이씨 진사 만포晚圃 이민적李敏迪(1702~1763)이 학문을 닦고 우애를 돈독히 하기 위해 1761년(영조 37)에 안동시 풍산읍 상리에 건립한 정자다. 그후 조카인 용눌재慵訥齋 이한오李漢伍(1719~1793)가 노모를 극진히 모시고 효성을 다하던 곳이기도 하다.

---

7 '고(孤)'자가 문집에는 '고(高)'로 되어 있다.

체화정 전경

만포 이민적은 1744년(영조 20) 생원시에 합격했으며, 백형伯兄인 옥봉玉峯 이
민정李敏政을 아버지처럼 섬겼다. 만년에 남쪽 언덕의 모퉁이에 정자를 짓고, 그
앞에 네모난 연못을 만들어 물을 끌어다 물고기를 길렀으며, 그 좌우에다 이름
난 꽃을 빙 둘러 심어놓고, 백형 이민정과 함께 거처하며 형제간의 우의를 돈독
히 하였다. 그 당시 형제간의 삶의 한 단면을 시를 통해 들여다보기로 한다.

「체화정 원운棣華亭元韻」

늙을수록 나는 속세 인연 끊고 싶어	老來我欲斷塵緣
물가 옆 바위 곁에 몇 기둥을 얽었네	並水依巖結數椽
고요한 빈터 연기 나무에 갇히어 푸른빛 띠고	寂歷墟煙籠樹翠
차가운 밤 달빛은 주렴에 들어 아름답네	蒼寒夜月入簾娟
동북쪽의 창가에선 산을 보고 읊조리고	快牕東北看山詠

일상의 베갯머리 여울 소리 들으며 잠자네	幽枕尋常聽瀨眠
일찍이 이 속에 흥취 많음을 알았건만	早識這間多趣味
어찌 이십여 년을 헛되이 달리려고 했던가	肯敎虛走卄餘年
	(아우 이민적)

사람에게 좋은 땅은 인연이 있는 것 같아	勝地於人似有緣
하늘이 아껴 두어 오늘에야 새 정자 빛나네	天慳今日煥新椽
시골 집은 또렷하게 시내 따라 들어섰고	村家歷歷沿溪住
늘어선 산들은 겹겹이 눈에 들어 아름답네	列岫重重入眼娟
처마 끝에 달 떠오르니 시 읊기 좋은 밤이고	月上簷端宵可詠
연못에서 바람 불어오니 낮잠 자기 적당하네	風生池面午宜眠
늙을수록 한가로워 일 없음을 아노니	自知老去閑無事
아우는 노래하고 형은 화답하며 노년을 보내리	弟唱兄酬送暮年
	(가형 이민정)

만년에 속세의 번다한 인연을 끊기 위해 한적한 곳에다 정자를 지어놓고, 유유자적한 삶을 구가하고자 하는 심정을 엿볼 수 있다. '제창형수弟唱兄酬'란 말에서 알 수 있듯이, 가식 없는 형제간의 소박한 우애를 쉽게 짐작할 수 있다.

한편, 하지下枝 이상신李象辰(1710~1772)이 쓴 「체화정기」에 보면, 만포와 옥봉 형제의

체화정 시판

우애는 가풍적家風的 연원이 있음을 알 수 있다. 곧 외부의 부귀영달을 추구하지 않고 형제간의 자족적인 삶을 소중하게 여기는 태도는 선대로부터 되물림되고 있음을 알 수 있다.

만포 이민적이 세상을 떠난 후, 체화정의 주인은 용눌재 이한오다. 그는 임진왜란 때 의병장으로 순국한 이홍인李洪仁의 8세손이자 옥봉 이민정의 아들이다. 그는 어려서부터 효성이 지극하여 항상 어버이 곁을 떠나지 않았으며, 혼인한 뒤에도 내실에 거처하지 않고 그림자처럼 어버이 곁에서 지극 정성으로 모셨다. 그의 효성을 다음 일화에서 유추해 볼 수 있다.

일찍이 병석에 있는 어머니가 갑자기 꿩고기를 찾았는데, 그때 문득 꿩 한 마리가 날아와 채마 밭 가운데에 떨어졌다. 그를 잡아다가 대접하여 어머니의 입맛을 되찾게 해 주었으며, 그로 인해 병이 곧 회복되었다.

우리는 위의 일화를 통해 용눌재 이한오의 부모에 대한 '순성지애純誠至愛'한 효자의 마음을 읽을 수 있으며, 이 같은 출천出天의 효성이 이적異蹟의 효감孝感으로 나타났던 것이다. 그 뒤 그는 어머니 상에 3년 시묘했고, 아버지 상에는 60세의 나이로 역시 3년을 시묘하였다. 이 같은 그의 효행에 대해 후인들은 중국의 순임금과 증자, 그리고 맹종孟宗과 왕상王祥에 비유하여 칭송하였다.

체화정 현판의 의미

체화정에는 '체화정' 현판을 비롯하여 담락재湛樂齋와 이민적·이민정 형제의 시판, 체화정 건립의 내력을 쓴 이상신의 체화정 기문판이 걸려있다.

'체화'의 의미는 『시경·소아小雅』「상체常棣」의 "활짝 핀 아가위 꽃이여, 얼마나 곱고 아름다운가. 이 세상에 누구라 해도, 형제만한 이가 없도다.常棣之華 鄂不韡韡 凡今之人 莫如兄弟"라고 한 데서 인용하였고, '담락' 역시 위의 시 가운데 "처자간에 잘 화합함이, 금슬을 타는 듯해도, 형제간이 화합하여야, 화락하고도 즐거우리라.妻子好合 如鼓瑟琴 兄弟旣翕 和樂且湛"고 한 데서 인용하였다.

아가위 꽃에 꽃받침이 두드러져 보이듯, 형제간은 어느 경우보다도 친근하다는 것이다. 죽음의 위험이 닥칠 때도 형제라야 진심으로 근심하고, 언덕과 습지에 시신이 깔려 있어도 형제라야 찾아 나서며, 어려움이 닥칠 때 도우러 찾아 나서는 사람도 형제일 뿐, 아무리 좋은 친구라 해도 그저 한숨만 쉬지 아무런 소용이 없다는 것이다. 심지어 좋은 안주에 술을 마실 때나, 금슬이 좋은 부부 사이에도 형제의 화합이 있어야 비로소 이루어진다고 했다. 한마디로 '체화'는 형제간의 화목과 우애를 뜻하고, '담락'은 형제간의 우애를 오래도록 즐긴다는 뜻이다. '체화정'는 18세기 영남학파의 학자인 삼산三山 류정원柳正源(1703~1761)의 글씨이고, '담락재'는 조선 후기 풍속화가인 단원檀園 김홍도金弘道가 안기 찰방安奇察訪 시절인 1876년(정조 1)에 쓴 글씨로 더욱 유명하다. 이처럼 형제간의 우애를 나타낼 때『시경』「상체」 시의 구절을 취해, '체화정棣華亭', '체화당棣華堂', '사체정四棣亭', '경체정景棣亭' 등과 같은 이름을 붙인다.

공자는『논어』에서 유자有子의 말을 통해 '효도와 공손은 인을 행하는 근본이다.孝弟也者 其爲仁之本與'고 하였고, 맹자는 '군자삼락君子三樂'에서 첫 번째 즐거움으로 '부모가 함께 살아계시고, 형제가 모두 무고한 것父母俱存 兄弟無故'를 들고 있다. 이렇듯 인간행위의 기본은 효도와 우애이다. '체화정' 현판의 의미를 통해 자신을 비롯한 가장 가까운 주변을 되돌아보는 계기가 되었으면 한다.

삼구정三龜亭 : 효심孝心의 산실

삼구정은 안동 김씨 소산素山 입향조인 김삼근金三近의 손자이자 사헌부 장령을 지낸 김영수金永銖(1446~1502)가 1496년(연산 2) 백씨 사헌부 감찰 김영전金永銓(1439~1522)과 중씨 수원 부사 김영추金永錘(1443~?)와 상의하여 안동시 풍산읍 소산리에 건립한 정자이다.

김영수에게는 87세의 노모 예천 권씨가 계셨다. 노모 예천 권씨는 예문관 대제학을 지낸 권맹손權孟孫(1390~1456)의 따님으로 슬하에 5남 6녀를 두었다.

삼구정 전경

훌륭한 어머니 슬하에서 성장한 다섯 아들은 모두 효성이 지극하였다. 특히 막내인 김영수는 사헌부 장령을 거쳐 영천 군수를 지내다 관직에서 물러나 고향 소산에 머물 때, 사헌부 감찰을 지낸 큰형 김영전과 수원 부사를 지낸 중형 김영추와 함께 소요산素耀山 끝자락 동오봉東吳峯 머리에 삼구정을 지었다. 이는 87세의 노모 예천 권씨를 즐겁게 모시기 위함이었다.

삼구정 현판의 의미

삼구정에는 '삼구정' 현판을 위시하여 성현이 쓴 기문판과 이곳을 찾은 시인묵객들이 쓴 수많은 시판이 게시되어 있다.

'삼구정'에서 현판의 명칭과 의미는 정자 안에 거북 모양의 고인돌 3개가 있어 붙여진 이름이다. 거북과 돌은 십장생十長生의 하나로, 노모 예천 권씨께서 거북처럼 장수하고 돌처럼 견고하게 지내실 것을 바라는 뜻이 내재해 있다. 허백당虛白堂 성현成俔(1439~1504)이 쓴 삼구정 기문에 의하면, 형제들이 노모를 봉양하기 위해 가까운 고을 수령으로 부임해 왔을 뿐만 아니라, 이 정자를 지어 좋은 날 좋은 때 조석으로 가마에 태워 모시고 올라가, 그 옛날 효자로 이름난 노래자老萊子처럼 색동옷을 입고 재롱을 피워 노모를 즐겁게 해드린 광경이 잘 묘사되어 있다.

> 좋은 때와 길吉한 날이면 어머니를 모시고 정자에 올라 노래자老萊子처럼 어머니를 모신다. 뜰에는 자손들이 가득하고, 어머니는 마냥 즐거워하신다. 그 즐거움을 어찌 이루 다 기록할 수 있겠는가. 대체로 세상 사람은 그 살 곳이 있다 해도 좋은 경치 얻기는 어려우며, 좋은 경치를 얻었다 하더라도 그 즐거움을 얻지 못하는 일이 많다. 그런데 지금 김씨 집안은 좋은 땅을 얻고, 어진 사람을 얻고, 어버이는 수를 누려 온갖 아름다움을 갖추었으니, 이 어찌 선善을 쌓고 경사慶事를 기른[積善毓慶] 소치가 아니겠는가. 거북만큼 오래 사는 것이 없고, 돌만큼 단단한 것이 없으니, 자식으로 어버이의 장수를 바라는데, 거북처럼 오래 살고 돌처럼 변함없이 건강하기를 바라는 것은 누구나 원하는 바이다.

지금처럼 어버이 섬기기를 자손대대로 실천하면 마땅히 청사에 아름다운 이름을 남길 것이라고 하였다. 현판 글씨는 용재慵齋 이종준李宗準(1458~1499)이 썼다.

삼구정 현판

이 외에 허백당虛白堂 성현成俔의 '삼구정기三龜亭記'을 비롯하여 김극검金克儉(1439~1499), 신용개申用漑(1463~1519), 류중영柳仲郢(1515~1573) 등 많은 사람들이 쓴 시판과 상촌象村 신흠申欽

(1566~1628)이 쓴 '삼구정팔경三龜亭八景(1626)' 시와 이에 차운한 류근柳根(1549~1627), 김상용金尙容(1561~1637), 박동열朴東說(1564~1622), 김류金瑬(1571~1648), 홍서봉洪瑞鳳(1572~1645), 장유張維(1587~1638), 신익성申翊聖(1588~1644) 등 당대 이름난 문사들의 차운시가 게시되어 있다.

명문名門이란 부와 권력으로 이루어지는 것이 아니다. 삼구정은 어버이에 대한 효심과 보본報本의 정성이 서려 있는 곳이다. 어버이에 대한 선인들의 이 같은 마음을 간파하지 못한다면 물 좋고 경치 좋은 데 정자가 있은들 무슨 의미가 있겠는가? 부모 자식간의 인간도리가 점차 각박해져가는 오늘, 그 옛날 삼구정이 우리들에게 말없는 교훈을 일깨워주고 있다.

명옥대鳴玉臺 : 퇴계 선생이 강도講道하던 향기가 머문 곳

명옥대는 퇴계 이황이 후학들에게 학문을 가르치던 곳을 기념하기 위해 안동시 서후면 태장리에 건립한 정자이다.

명옥대 전경

    1664년에 발의해서 1667년(현종 9)에 완성한 누각형태의 정자였다고 한다. 기록에는 방 1칸, 누각 2칸의 정자 건물(창암정사)과 3칸의 방으로 된 승사, 그리고 동쪽으로 건너는 계곡 위의 수각水閣으로 되어 있었다고 하나, 현재는 정면 2칸, 측면 2칸, 사면의 계자난간으로 된 팔작지붕의 누각이다. 자연석 초석 위에 원형 기둥을 세우고 누마루를 설치했는데, 정면 2칸, 측면 2칸의 평면에 계자난간鷄子欄干을 두르고 있으며, 4면 모두를 개방하여 주변경관을 감상하기 좋게 하였다. 1920년경에 고쳐지은 이후, 수차례 개축을 거쳐 오늘에 이르고 있다. 1986년 경상북도 문화재자료 제174호로 지정되었다.

    퇴계 이황은 16세(1516) 때 종제從弟 이수령李壽苓(숙부 송재 이우의 아들)과 봉정사에 머물며 독서하면서 수차례 이곳을 찾았다. 이때 공생貢生 권민의權敏義, 강한姜翰이 따라왔다.

    그 후 50년 뒤인 1566년 이황은 병을 핑계로 관직을 사양하고 다시 이곳에 찾아오니, 그 옛날 함께 왔던 사람늘은 모두 세상을 떠난 뒤였다. 이때 절구 두 수를 남기고, 낙수대落水臺라 하던 이름을 '명옥대'라 고쳐 불렀다.

명옥대

그 다음해인 1567년 여름에 퇴계의 제자인 신내옥辛乃沃, 이재李宰, 문위세文緯世, 윤강중尹剛中, 윤흠중尹欽中, 윤단중尹端中 등 여섯 사람이 함께 이곳에 와서 숲을 헤치고 대臺를 쌓아 시詩를 지어 선생의 뜻을 추모하였으며, 폭포 옆 바위에 '명옥대鳴玉臺'라는 3글자와 그 내력을 새겼다.

이황이 돌아가신 지 93년만인 1664년에 선생의 자취가 서린 이곳을 기리기 위해 개곡開谷 이이송李爾松 등 사림士林에서 곡식과 재물을 모아 누각형樓閣形 정자인 창암정사蒼巖精舍를 1667년에 창건하였으며, 수차례의 개축을 거쳐 오늘에 이르고 있다.

명옥대 현판의 의미

명옥대에는 '명옥대'와 '창암정사蒼巖精舍'의 현판과 명옥대 시판이 걸려 있고, 정자 앞에는 '명옥대사적비'가 세워져 있다.

'명옥대'의 원래 이름은 '낙수대落水臺'라 하였으나 중국 육사형陸士衡의 「초은시招隱詩」의 "솟구쳐 나는 샘물이 명옥을 씻어주네飛泉漱鳴玉"라는 시구에서 인용하여 '명옥

명옥대 시판

대'라 고쳐 부르게 되었다. '창암정사'는 이황이 지은 명옥대 시의 "푸른 바위 맑은 폭포만 예전 그대로네依舊蒼巖百水懸"라는 구절에서 '창암'을 끌어와 '창암정사'라 하였다. 명옥대 맞은 편 바위에 '명옥대'라고 각자되어 있는데, 이황의 지시로 당시에 새겼다고 한다. 이황이 지은 명옥대 시를 감상해 본다.

| 이 곳에 노닌지 어느덧 오십년 | 此地經遊五十年 |
| 젊었을 적 봄날에 온갖 꽃 앞에서 취했었지 | 韶顔春醉百花前 |

| 손잡고 놀던 사람 지금은 어디 있는가 | 只今携手人何處 |
| 푸른 바위, 맑은 폭포는 예전같이 그대로네 | 依舊蒼巖百水懸 |

16세 때 함께 왔던 사람들이 50년 뒤에 다시 찾아오니, 모두 고인이 되어 그들을 그리워하는 내용이다.

맑은 폭포, 푸른 바위 그 경계 더욱 기이한데	白水蒼巖境益奇
완상하러 오는 사람 없어 계곡 숲도 슬퍼하네	無人來賞澗林悲
다른 때 호사자가 여기 와서 묻거든	他年好事如相問
계옹이 앉아 시 읊던 때라 대답해주오	爲報溪翁坐詠時

자연이 아름답다는 것은 사람과 함께 하기 때문이다. 명옥대는 퇴계 이황이 강도講道하던 향기가 머문 유서깊은 곳이고, 후학들이 선생을 숭앙하는 마음을 부친 곳이기도 하다. 퇴계와 후학들이 그러했듯이, 가까이 있는 생활 속의 자연에 침잠하여 자연을 배우고 자연을 노래하고 자연을 닮아가려고 노력하는 사람이 되는 것이 그 무엇보다도 중요하다. 사제지간의 정의情誼가 점점 각박해 지고 있는 오늘날, 명옥대는 겹겹이 쌓여있는 시간의 무게를 초월하여 우리들에게 인간관계의 소중한 가르침을 보여주고 있다.

사무치는 그리움을 담고 있는 현판, 재사齋舍

안동을 비롯한 경상북도 북부지역은 유교문화가 오롯이 남아있다. 이를테면 종가, 사당, 서원, 정자, 재사 등 유교문화를 대변하는 건축물이 다른 어느 지역보다 잘 보존되어 있고, 나아가 그 공간에서 지금까지 유교의례가 행해지고 있다. 특히 돌아가신 부모와 현조顯祖, 그리고 선현에 대한 제사는 유교문화 중에 가장 중요한 의식의 하나이다.

특히 재사는 후손들이 조상의 묘소를 지키고 묘제墓祭를 받들기 위해 산소 아래나 가까운 곳에 지은 건물로 재실齋室, 재궁齋宮, 재각齋閣이라고도 불린다. 이 지역의 재사는 다른 지역에 비해 그 수數가 많고, 규모가 큰 것이 많은데, 이는 무엇보다도 혈연공동체를 중시하는 문화적 역량과 환경이 크게 작용했다고 볼 수 있다. 그 일례로 안동 권씨 시조 권행權幸을 모신 능동재사陵洞齋舍, 안동 김씨 시조 김선평金宣平을 모신 태장재사台庄齋舍, 그리고 안동 장씨 시조 장정필張貞弼을 모신 성곡재사城谷齋舍를 들 수 있다.

아울러 재사의 기능과 용도에 따라 그 명칭도 경모敬慕, 경모景慕, 모선慕先, 영모永慕, 영사永思, 우경寓敬, 우모寓慕, 추모追慕, 추원追遠 등 부모님에 대한 그

안동김씨 태장재사(이상루)

리움과 조상에 대한 추모의 정성, 그리고 선현에 대한 존경의 뜻을 담고 있다.

공자는 "조상에 대한 장례를 신중히 치루고 먼 조상에 대한 제사를 지극히 모시면 백성들의 덕이 후한대로 돌아갈 것이다.子曰 愼終追遠 民德 歸厚矣"라고 하였다. 자식으로서 부모의 은혜를 기리고 후학으로서 선현의 학덕을 존모하는 마음을 미루어 나간다면 이 사회는 분명 민심이 후덕한 밝은 사회가 될 것이다.

요컨대, 재사의 현판에는 이처럼 우리사회에서 희박해져가는 효성의 정신과 인간성 회복의 명제를 되새기게 하는 기본정신이 내재되어 있다고 할 수 있다.

재사 현판의 종류와 그 의미

추모 공간인 재사에는 다양한 현판이 있으며, 그 대표적인 현판을 들면 다음과 같다.

달수재達壽齋, 비해재匪懈齋, 산고재사山皐齋舍, 심원재深遠齋, 영모암永慕菴, 영모재永慕齋, 영사재永思齋, 원모루遠慕樓, 일원재一源齋, 자운재사紫雲齋舍, 정정재사鼎井齋舍, 추원재追遠齋, 한천정사寒泉精舍, 경모재敬慕齋(경주), 관막재사官幕齋舍(영주), 망고재望皐齋(영주), 모선재慕先齋(영천), 아동재사阿洞齋舍(경주), 우경재寓敬齋(울산), 월정재月征齋(문경), 유후재裕後齋(경주), 율수재聿修齋(안강), 일매재日邁齋(문경), 찬경루讚慶樓(청송) 등이 있다.

재사 현판의 의미를 살펴보면, 우선 재사가 위치한 지명이나 지형에서 유래하여 명명한 경우로는 '산고재사', '아동재사', '남흥재사'. '자운재사', '작산재사', '정정재사' 등을

산고재사

들 수 있다. '산고재사'는 안동 북후 옹천에 있는 진주 강씨 옹천 입향조 강두전姜斗全의 손자인 강오선姜五璿(1517~1578)과 그 후손 여러 위의 묘제를 받들기 위한 재사 현판이다. 일명 '와고재사瓦皐齋舍'라고 하는데, 선조의 묘소가 산등성이 아래부터 기왓장을 차곡차곡 포개놓듯이 묘소가 위치하고 있어 붙어진 이름이다. '아동재사'는 경주 이씨 입향조 죽은竹隱 이지대李之帶(1369~1459)의 묘제를 받들기 위해 경주시 정래동에 건립한 재사이며, 이곳 지명인 '아배동阿陪洞'에서 가져왔다. '남흥재사'는 고려 말 전리 판서를 지낸 남휘주南暉珠(1326~1372)와 공조 참판 남민생南敏生(1348~1407) 부자의 묘를 수호하고 제사를 준비하기 위해 지은 건물이다. '남흥'의 이름은 이곳에 옛날 남흥사南興寺가 있어서 명명을 했다지만 공교롭게도 영양 남씨와 깊은 인연이 있는 듯하다. '자운재사'는 조선 중기 문신이자 강호江湖 시조작가인 영천 이씨 농암

이현보(1467~1555)와 그 배위인 안동 권씨의 묘제를 위해 안동 예안면 신남리 정자골에 마련된 재사이다. '자운'의 명칭은 본래 정자골 북쪽에 있는 자운마을에서 유래했지만, '자운'의 의미는 대인이 태어날 때 자줏빛 구름이 피어오른다는 고사가 있는데, 아마도 농암 이현보와 관련이 있는 듯하다. '정정재사'는 고려 말 역동 우탁禹倬(1262~1342)의 묘제를 받들기 위해 안동시 예안면 정산리에 건립한 재사이다. 원래는 묘소 아래에 '영모재永慕齋'라는 재사를 지었지만, 뒤에 '정정재사'로 바뀌게 되었다. '정정'의 의미는 예부터 마을 가운데 우물이 유명하여 '솥 우물'이라 하였으며, 이것을 한자식으로 써서 솥 정鼎자와 우물 정井자를 합해 '정정'으로 표기하였다. 또한 『주역』에서 '솥[鼎]'은 '새로운 것을 취하는 것[取新]'으로, 새로운 성현을 기르는 방도를 말한 것이고, '우물[井]'은 생명수의 무한한 원천이다. 그러기 때문에 인간의 영혼을 위로하

정정재사 전경(위쪽은 역동 우탁 묘소)

고 길러주는 진리를 상징한다고 말할 수 있다. '정정'이 단순히 한자식 표현이 아니라 역학易學에 조예가 깊은 우탁의 학문과도 관련이 있는 듯하다.

다음 '경모재', '달수재', '모선재', '비해재', '심원재', '영모재', '영사재', '우경재', '월정재', '유후재', '율수재', '일매재', '일원재', '찬경루', '추원재', '한천정사' 등은 한결같이 경전과 선현이 남긴 구절에서 인용하여 돌아가신 조상이나 부모에 대한 추모의 마음을 담고 있다.

'비해재'는 진성 이씨 송안군松安君 이자수李子脩의 유덕을 추모하기 위해 안동시 북후면 물한리에 건립한 '작산정사' 경내에 걸려있던 현판이다. '비해'는 '게을리 하지 않는다'는 뜻인데,『시경・노송魯頌』「비궁閟宮」의 "봄가을로 게을리 하지 않으니, 향사를 올림에 어긋나지 않다.春秋匪解 享祀不忒"는 구절에서 취한 것으로, 자식으로서 조상에 대한 도리와 정성을 다한다는 뜻이다. '월정재'와 '일매재'는 통계通溪 류연지柳延之의 묘소를 수호하기 위해 건립된 재사에 걸려 있던 현판으로, '일매재'는 동쪽에 '월정재'는 서쪽에 걸려 있었다. '일매재'와 '월정재'의 의미는『시경・소아』「소완小宛」의 "내 날로 매진하거든 너도 달로 나아가라. 일찍 일어나고 밤늦게 자서, 너를 낳아 준 부모를 욕되게 하지 말라.我日斯邁 而月斯征 凤興夜寐 無忝爾所生"는 구절에서 인용한 것이다. 후손으로서 자기 발전을 도모함은 물론 선조를 위하는 마음을 한시도 잊지 말라는 의미이다. '율수재'는 경주시 안강읍 강교리에 있는 홍종린洪鍾麟(1863~1941)의 묘소를 수호하기 위해 아들 홍순학洪淳學(1897~1964)이 1945년경에 건립한 재사 현판이다. '율수'의 의미는『시경・대아』「문왕文王」의 "너희 조상을 생각하지 않느냐, 그분들의 덕을 잘 닦을 지어다. 길이 천명天命에 짝하는 것이, 스스로 많은 복을 구하는 길이니라.無念爾祖 聿修厥德 永言配命 自求多福"는 구절에서 인용하였다. 성대한 복은 밖에서 구해지는 것이 아니라 자

찬경루 전경

신이 조상의 덕을 닦으면 저절로 구해진다는 의미이다. 특히 글씨는 항일운동가인 극암克菴 이기윤李基允(1891~1971)이 썼다. '찬경루'는 청송 심씨 시조인 심홍부沈洪孚를 기리기 위해 1428년에 청송군 청송읍 월막동에 건립된 제각祭閣이다. '찬경'의 의미는 이 누대에 올라 시조묘를 바라보니 '우러러 찬미하지 않을 수 없다'는 뜻이다. 시조로부터 집안의 선덕을 쌓은 결과, 조선에 들어와서 세 사람의 왕후를 배출하였고, 특히 소헌왕후는 8대군을 낳아 조선왕실이 이후 번성하게 되는 토대를 마련하였다. 현판의 글씨는 18세기 당시 청송 부사인 한광근韓光近이 썼다. '송백강릉松柏岡陵' 역시 찬경루 제각 안의 정면에 걸려 있는 현판이다. '송백강릉'의 의미는 『시경·소아』「천보天保」의 "산과 같고 언덕과 같으며, 산마루와 같고 구릉과 같다.如山如阜 如岡如陵"고 한데서 인용한 것으로, 청송 심씨 후손들과 그로 인해 나라가 영원히 번성하게 뻗어 나감을 비유한 것이다. 처음 안평대군이 팔분체八分體로 친히 쓴 현판이 있었 지만 화재로 소실되고, 현재의 현판은 부사 한광근韓光近의 아들 한철유韓喆裕 가 쓴 것이다. '한천정사'는 조성당操省堂 김택룡金澤龍(1547~1627)의 유덕을 기 리기 위해 후손들이 1786년 안동시 예안면 태곡리 한실마을에 세운 정사이 다. '한천寒泉'의 의미는 『시경』「개풍凱風」의 "맑고 시원한 샘물이 준읍 아래 있다네. 아들 일곱 있어도 어머니는 고생하네.爰有寒泉 在浚之下 有子七人 母氏勞 苦"라는 구절에서 인용하여 부모를 그리워하거나 효도하기를 생각한다는 뜻 으로 쓰인다. 또한 주자가 돌아가신 어머니 묘소 가까이에 정사를 세우고 '한

천정사'라고 하였는데, 이후 '한천'은 돌아 가신 부모님의 묘소를 수호하기 위해 지어 놓은 집을 가리킨다. 여기서는 아마 김택 룡의 유덕을 기리기 위해 후손들이 '한천' 의 의미를 빌린 것이다.

한천정사

돌아가신 부모와 현조, 그리고 선현에 대한 제사는 유교문화 중에 가장 중 요한 의식의 하나이며, 효행의 실천은 제사의식에서 가장 잘 드러난다고 할 수 있다. '선을 쌓은 집안에는 남은 경사가 있다.積善之家 必有餘慶'고 했듯이, 후손이 복을 받으려면 조상에 대한 제사를 지극정성으로 모셔야 한다.

현판과 글씨
: 글씨는 사람을 닮았다

　'서書는 심획心畵'이라 하였으니, 글씨는 사람 마음속의 사상이나 감정을 형상적으로 반영해 낸다는 뜻이다. 글씨와 인품과의 관계를 설명하는 자료로 자주 이용되는 구절이다. 현판은 바로 명가들이 쓴 이러한 글씨를 목판에 새겨 건물에 걸어놓은 것이다. 대체로 많은 사람들의 시선을 끄는 지상의 건물에 걸리기 때문에 쓰는 사람은 최대한 심력을 쏟기 마련이다. 오늘날 서예의 중요한 작품으로 인정되는 자료 가운데 현판 글씨가 많이 남아 있는 것도 명필의 글씨를 사용한 때문이다. 따라서 당대의 현판 글씨에 당시 예술사나 문화사의 시대정신, 즉 시대사조와 시대감정이 담겨 있다는 것도 간과할 수 없다. 예컨대, 미수 허목은 자체字體가 서사자書寫者의 의식은 물론 시대정신까지 반영하고 있는 것으로 인식하고 있다. 이는 글씨가 다른 예술과는 달리 그 시대성을 나타내는 것이기 때문이다.

　현판에는 글씨를 쓴 인물을 밝히지 않은 경우가 많다. 이는 의도적으로 자신을 드러내지 않으려는 것으로, 겸손한 선비의 마음가짐을 나타내고자 한 것이다. 조선의 선비들은 "글씨는 곧 그 사람과 같다.書如其人"라고 하여, 글씨의 예술적 가치보다는 사람의 도덕적 가치, 정신적 면모를 중시하였다. 그래서 현판에는 글씨를 쓴 인물이 누구인지 잘 드러내지 않은 경향이 있다. 그러나 일부 현판에는 낙관과 인장을 찍어 글쓴이와 연대가 새겨져 있어서, 이를 통해 당대의 서법 변천이나 서풍을 짐작할 수 있다.

충효당(미수 허목)

현판 글씨는 대개 대형이므로 '대자大字'라는 별칭도 있다. 특히 금석문에서 찾아볼 수 없는 '대자'의 서체를 사용하기 때문에 당대의 서풍을 이해하는 기준이 될 수 있다. 또한 '대자'를 '액자額字'라고도 한다. 현판 글씨의 유행서체로 액체額體가 많이 쓰였으나 왕희지王羲之나

봉은사 판전

미불米芾의 서체로 쓴 것도 전한다. 서체는 전篆·예隷·해楷·행行·초서草書로 다양하다. 아울러 현판의 글씨를 통해 당대 명필이나 문장가 등 선현들의 필적을 두루 살필 수 있다. 그 신분을 보면, 국왕에서부터 저명한 학자나 문장가, 고위관료, 당대의 세도가, 서예가 등등 계층이 실로 다양하나, 지역출신의 처사형 문인들의 글씨도 상당수 전한다. 그 중에는 자신의 이미지를 드러내는 독창성과 실험정신이 반영된 불후의 작품도 상당수 전한다. 예컨대, 추사秋史 김정희金正喜(1786~1856)가 쓴 서울 봉은사의 '판전板殿' 현판은 본인의 대표작으로 문화재로 지정되어 있다.

안동지역 현판은 시대적으로 조선중·후기 및 근대에 제작된 것이 대부분이고, 쓴 사람을 모르는 무명씨의 현판도 다수 포함되어 있다. 서풍은 대체로 중국 원대元代의 설암체雪菴體의 영향을 받고 있다. 중후하고 강건함을 특징으로 하는 설암체는 굵고 뚜렷하고 분명하여 멀리서도 한눈에 알아볼 수 있는

장점을 지니고 있다. 설암은 안진경顔眞卿(709~785)과 유공권柳公權(778~865)의 글씨를 배워 특유의 해서 서법을 이루었는데, 그의 글씨에 대해 기맥과 근골이 매우 속되어 그 품격이 높지 않다고 혹평하는 자도 있으나, 조선 전시기를 통해 현판의 글씨로 가장 많이 쓰여졌다.

또한 현판 글씨는 한국 서예사 연구의 실물자료로 큰 가치를 지니고 있다. 현전하는 글씨의 유적은 금석金石, 목판木板, 법첩法帖, 진적眞蹟 등으로 구분되는데, 진적은 본인이 직접 쓴 친필이므로 가장 귀중하다. 그러나 진적이 남아 있지 않을 경우에 법첩이나 현판 글씨는 서예 연구의 자료로서 가치가 매우 높다. 특히 목판본 문집에 수록된 '유묵遺墨'은 현판과 더불어 위작僞作의 시비가 없으므로, 이를 활용하여 서예사의 연보를 편찬할 수도 있다.

안동지역의 현판 글씨는 품격이 높고 운치와 기백이 넉넉하여 성리학적인 견지에서 속기俗氣가 배제된 작품이 주류를 이룬다. 조선후기 영남선비들은 대체로 글씨를 익힘에 서성書聖 왕희지의 서법을 표준으로 삼았기 때문에 글씨의 풍격과 기품이 단정한 느낌을 준다. 그들은 외형미를 추구하는 송설체松雪體에 대해서는 깊이가 없고 저속한 감이 있다는 이유로 싫증을 내었다. 서체상으로는 전·예·초서는 드문 편이고 해서와 행서가 대부분을 차지하고 있다.

실제 이 지역 현판은 대체로 유려하면서 힘이 있는 꼿꼿한 글씨로 선비의 마음가짐을 느낄 수 있다. 글쓴이의 내면세계가 맑고 강건하지 않으면 도저히 쓸 수 없는 글씨이다. 달리 말해, 글씨에 꼿꼿한 지조나 강인한 기개, 청정한 마음가짐 같은 강직한 내면이 투영된 것이다. 이는 단순한 실용의 차원을 넘어선 도의 경지에 도달하는 수준이라 말할 수 있다. 이러한 모습들은 외형적으로는 화려하지 않고 단순하지만 언제든지 보아도 싫증나지 않고, 매번 보아도 느낌이 다르다. 소리와 그림의 외형으로 군자와 소인을 구분할 수 있듯이, 글씨를 통해 그 사람의 인품을 가늠할 수 있다. 제산霽山 金聖鐸(1684~1747)은 "글씨의 애호와 흠상이 필획의 교묘한 데에 있지 않으니, 그 필적을 통하여 그 사람을 존중하고, 그 사람을 존중함으로써 그 마음을 구한다."고 하였다. 글씨는 수련과정에서 함양된 글쓴이의 덕성이 내재되어 있기에 자연히 감상자의 인격을 도야할 수 있는 치료적 기능이 있는 것이다. 따라서 현판 글씨의 진정한 의미는 옛 선인들의 정취를 느끼면서 자신을 되돌아보고 마음을 바르게 다스리는 데에 있는 것이다.

우리 지역 현판 글씨의 주요한 필자와 작품을 소개하면 다음과 같다.

퇴계 이황(1501~1570)의 글씨는 흔히 '퇴필退筆'이라 하는데, '이요문二樂門', '조양문朝陽門', '설월당雪月堂', '고산정孤山亭', '월천서당月川書堂', '성재惺齋', '경류정慶流亭', '관물당觀物堂', '후조당後彫堂', '선몽대仙夢臺'(예천) 등이 있다. 그는 송설체의 유려한 필법 위에 왕희지 부자의 굳세고 단정한 필법을 모범으로 삼아, 글씨가 단정하면서도 근엄한 기품이 넘쳐난다.

이요문

한호韓濩(1543~1605)의 글씨로는 '화경당和敬堂', '태고정太古亭', '탁청정濯淸亭', '도산서원陶山書院', '만취당晩翠堂'(영주), '하한정夏寒亭' 등이다. 한호는 한석봉韓石峯으로 널리 알려져 있으며, 조선중기를 대표하는 서예가다. 안평대군 · 양사언 · 김정희와 더불어 조선시대 4대 명필로 꼽힌다. 정확하고 빈틈없는 그의 소해小楷는 왕희지에 미친다는 중외中外의 찬사를 받았다. 오랫동안 사자관寫字官으로 있었기 때문에 예술적인 천분天分을 발휘

설월당

만취당

하한정

백운정

옥류암

만곡정사

하지 못했지만, 특유한 서체가 창출될 만큼 그의 영향은 컸다. 「동국금석평東國金石評」에는 "모든 글씨체에 숙달되기는 하였으나 속되다."고 평하고 있다. 그러나 그는 조선을 대표하는 명필로 왕으로부터 인정되어 각종 외교 문서를 도맡아 썼다.

미수眉叟 허목許穆(1595~1682)의 글씨로는 '충효당忠孝堂', '백운정白雲亭', '경류정慶流亭', '옥류암玉溜庵'(봉화) 등이 있다. 그는 총산蔥山 정언옹鄭彦顒(1545~1612)에게 글을 배웠으며, 또한 한강 정구를 찾아가 스승으로 섬겼다. 그는 광주廣州 우천牛川에 은거하면서 독서와 글씨에 전념하여 그만의 독특한 전서篆書를 완성하였다. 그의 글씨를 미전眉篆이라고도 한다. 가장 대표적인 것은 강원도 삼척시에 있는 「척주동해비陟州東海碑」이다.

번암樊巖 채제공蔡濟恭(1720~1799)의 글씨로는 '마암재磨巖齋'(봉화), '만곡정사晩谷精舍'(영양) 등이 있다. 그는 약산藥山 오광운吳光運(1689~1745)과 국포菊圃 강박姜樸(1690~1742)에게서 학문을 배웠으며, 문장은 소疏와 차箚에 능하였다. 학문의 적통嫡統은 동방의 주자인 이황에게 시작하여 한강 정구와 미수 허목을 거쳐 성호 이익李瀷으로 이어진다고 하였다. 그는 영남 남인의 정치적 후견인 역할을 담당했으며, 글씨는 격력格力이 높고 굳세며 기운이 넘친다.

단원檀園 김홍도金弘道(1745~?)의 글씨로는 '담락재湛樂齋', '이가당二可堂' 등이 있다. 당대의 감식자이자 문인화가인 표암豹菴 강세황姜世晃(1713~1791)의 천거로 도화서 화원이 되었다. 충북 연풍 현감에서 해임된 뒤로는 한국적 정서가 어려 있는 실경을 소재로 하는 진경산수眞景山水를 즐겨 그렸다. 안동의 안기도 찰방으로 있으면서 인근의 청량산을 그렸으며, 관내에 신운이 감도는 약간의 현판 글씨를 남겼다.

담락재

추사 김정희(1786~1856)의 글씨로는 '매심사梅心舍', '화수당花樹堂', '천여궐복天如厥福' 등이 있다. 완당阮堂·노과老果 등 수많은 호를 사용했으며, 학문은 실사구시實事求是를 주장하였다. 독특한 '추사체'를 대성시켰으며, 특히 예서에 새로운 경지를 이룩했는데, 회화성이 짙은 그의 글씨는 시각적 효과가 뛰어나다는 평이 있다. 여기餘技로 개성이 깃든 문인화도 잘 그렸다. '매심사'는 김정희 글씨의 특징이 드러난 수작이라고 할 수 있다.

매심사

응와凝窩 이원조李源祚(1792~1871)의 글씨로는 '만우정晩愚亭', '오여재吾與齋'(성주) 등이 있다. 성주 출신으로 당시 사족의 사치가 극도에 이르자 쇄신책을 실시할 것을 극

만우정

간하였다. 특히 제주 목사로 재직 시 『고문상서古文尙書』의 위작僞作에 대해 추사 김정희와 논쟁을 전개하였다. 그의 글씨는 여백이 조화롭게 균형을 이루어 균제미가 돋보인다.

신헌申櫶(1810~1884)의 글씨로는 '만우정晩愚亭', '세산洗山', '단구서원丹邱書院'(의성) 등이 있다. 초명은 관호觀浩이고 호는 위당威堂·금당琴堂·우석于石이다. 다산 정약용의 문하에서 실시구시의 학문을 배웠고, 김정희로부터 금석학金石學·시도詩道·서예 등을 배웠다. 『금석원류휘집金石源流彙集』이라는 금석학 관계 저술을 남겼으며, 예서에 특히 조예가 깊었다.

석파石坡 이하응李昰應(1820~1898)의 글씨로는 '취담정翠潭亭', '근암近庵', 운암석실雲岩石室', '영모재永慕齋', 만산晩山(봉화 춘양) 등이 있다. 고종의 아버지로 흥선대원군에 봉해졌다. 추사체를 잘 구사하였고, 난초 그림은 문인화로서 높은 경지에 도달하여 사의적寫意的인 화경畵境에 이르렀다. 그의 행서는 균형과 변화, 짜임새가 적절한 조화를 이루고 있어 특유의 속도감과 유려함이 넘친다.

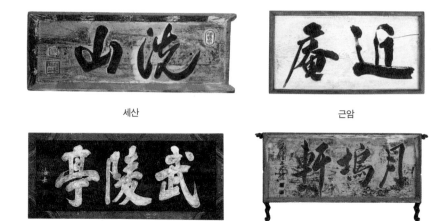

세산

근암

무릉정

월오헌

해사海士 김성근金聲根(1835~1919)의 글씨로는 '무릉정武陵亭', '수신와須愼窩', '충효당忠孝堂', '온천정사溫泉精舍', '선오당善迓堂', '덕봉정사德峰精舍'(경주), '전백당傳白堂'(봉화) 등이 있다. 그는 한말 미남궁체米南宮體의 대가로, 유작으로는 사공도司空圖의 『시품詩品』 등이 전한다. 그의 글씨는 대소의 변화가 자유롭고 비정형의 요소가 다분하다. 전체적으로 운필의 묘가 자재하여 필획에 생동감이 넘치고 있다.

석촌石邨 윤용구尹用求(1853~1939/37)의 글씨로는 '월오헌月塢軒', '영락재暎洛齋', '영월문迎月門', '사덕정俟德亭'(봉화) 등이 있다. 또 다른 호는 해관海觀·장위산인藏位山人 등이며, 벼슬이 판서에 이르렀다. 한일합방 후 서화와 거문고, 바둑으로 자오自娛하며 두문불출하였다. 글씨는 해서와 행서를 많이 썼으며, 그림은 난과 대를 잘 그렸다. 그의 글씨는 송설체의 필의가 나타나고 있으며, 선이 섬세하고 유려하며 획의 대비가 선명하다. 행서에 특징있는 자가自家의 필치를 이루었다.

소우小愚 강벽원姜璧元(1859~1941)의 글씨로는 '학산정鶴山亭', '쌍암정려雙巖精廬,' '계서溪西'(봉화), '경재敬齋', '차서헌此栖軒'(영주), '담상판각潭上板閣', '소우재小愚齋' 등이 있다. 어릴 때부터 안진경·미불 등의 법첩을 익혔다. 정正과 기奇의 조화적 미의식에 기초한 웅경雄勁한 글씨는 해외에까지 알려졌고, 그림은 조화의 경지에 이르렀다. 각체를 두루 잘 썼으며, 시서화 삼절로 일컬어졌다. 문집 외에 서예 이론서인 『노정서결蘆亭書訣』을 남겼다.

담상판각

삼가정

위창葦滄 오세창吳世昌(1864~1953)의 글씨로는 '삼가정三柯亭', '활천정사活泉精舍' 등이 있다. 한말의 독립운동가이며 언론인이다. 대한서화협회를 창립하여 예술운동에 진력하였다. 서화의 감식에 깊은 조예를 가지고 있었으며, 전서와 예서에 뛰어났다. 그의 전서는 선의 굵기가 고르면서 서체가 둥글고 가지런하며 고박古朴한 풍격을 지니고 있다.

뇌풍정

성재省齋 이시영李始榮(1869~1953)의 글씨로는 '뇌풍정雷風亭'(봉화), '입재立齋', '설죽당雪竹堂', '성잠서실星岑書室' 등이 있다. 형제 모두 만주로 건너가 독립운동에 헌신하였으며, 상해 임시정부 수립에 관여하였다. 초대 부통령을 역임하였고 이승만의 전횡에 반대하였다. 그는 타고난 천품으로 전통적인 운필에 기초하여 단아한 필체의 행서를 잘 썼다.

극암克菴 이기윤李基允(1891~1971)의 글씨로는 '율수재聿修齋'(안강), '동암東菴'(성주) 등이 있다. 성주 출신으로 회당晦堂 장석영張錫英(1851~1929)의 문인이다. 스승의 항일독립운동에 참여하여 대구 형무소에서 옥고를 치루었다.

율수재

초년에 청천서원晴川書院과 회연서원檜淵書院 등의 현판을 썼다. 그의 글씨는 전통적인 서법을 중시하여 규범화된 경향이 강하다.

한편, 동원東園 김희수金羲壽(1760~1848)의 글씨로는 '마곡서당磨谷書堂', '오교당五敎堂', '도은구택陶隱舊宅'(봉화), '초당草堂'(영양) 등이 있다. 안동 내앞 출신이다. 종요鍾繇와 왕희지의 서법을 추적하여 스스로 일가를 이루었다. 그의 글씨는 법에 속박되지도 않고 법을 벗어나지도 않았다. 대체로 산림처사의 유한하고 자적한 풍격이 드러난 운필을 보여주

도은구택

고 있다. 경북 북부권역에는 그가 쓴 상당
수의 현판 글씨뿐만 아니라 문중이나 종택
에는 그의 필첩이 소장되어 있다.

그 외에 용재慵齋 이종준李宗準(1458?~
1499)의 '삼구정三龜亭', 영천자靈川子 신잠申
潛(1491~1554)의 '긍구당肯構堂', 연어정鳶魚亭
권오權晤의 '만대헌晩對軒', 선원仙源 김상용
金尙容(1561~1637)의 '상지사尙志祠'·'함경루
涵鏡樓', 성세정成世珽의 '분강서원汾江書院',
월탄月灘 김창석金昌錫(1652~1720)의 '몽선각
夢仙閣', 옥천玉川 조덕린趙德鄰(1658~1737)의
'사미정四未亭'(봉화), 삼산三山 류정원柳正源
(1703~1761)의 '체화정棣華亭', 대산大山 이상
정李象靖(1711~1781)의 '만수재晩修齋', 환재瓛
齋 박규수朴珪壽(1807~1876)의 '오헌吾軒'(영
주) 등의 글씨가 남아 전한다.

또한 표암豹菴 강세황姜世晃(1713~1791)의
'반계정盤溪亭'(밀양), 송하松下 조윤형曺允亨
(1725~1799)의 '칠인정七印亭', 원교圓嶠 이광
사李匡師(1705~1777)의 '침간정枕澗亭'·'용와
慵窩', 임재臨齋 서찬규徐贊奎(1825~1905)의
'낙동정사洛東精舍'·'임연당臨淵堂', 몽인夢人
정학교丁學敎(1832~1914)의 '유경당幽敬堂' 등
의 글씨가 있으며, 해강海岡 김규진金奎鎭
(1866~1933)의 '백율원百栗園', 동농東農 김가
진金嘉鎭(1846~1922)의 '침류정枕流亭'·'보백

긍구당

몽선각

칠인정

유경당

백율원

긍재

당寶白堂', 석운石雲 박기양朴箕陽(1856~1932)의
'낙음재洛陰齋', 심전心田 안중식安中植(1861~
1919)의 '긍재兢齋'(봉화), 회산晦山 박기돈朴基敦
(1873~1947)의 '낙서재洛西齋', 석당石堂 김종호
金宗鎬(1901~1985)의 '관선재觀善齋'·'대산서당
大山書堂'등의 글씨가 있다.

현판에 얽힌 이야기

유교문화의 대표적 공간에 생명력을 불러일으키는 현판이 수백 년의 시간을 지나오면서 현판과 관련한 많은 이야기들을 담고 있다. 여기서는 현판에 얽힌 이야기를 들려주고자 한다.

현판에 전해오는 이야기

애일당愛日堂 : 효의 산실, 중국 명필을 만나 더욱 빛나다

농암 이현보는 어려서부터 성격이 호탕하여 외물에 연연하지 않았고, 초야에 묻혀 자연과 풍류를 즐기기를 좋아하였다. 그러나 19세(1485) 때 부친의 엄명으로 예안향교에 입학하고, 20세 때 당대 대표적인 문장가인 허백정虛白亭 홍귀달洪貴達(1438~1504)의 문하에서 경전을 배웠다. 32세(1498) 때 문과에 급제한 뒤 76세(1542)까지 약 44년간 4대 임금(연산군/중종/인종/명종)을 섬기면서

애일당 전경

벼슬에 종사하였다.

내직의 언관으로 있을 때는 부당한 처사에 대해 직간直諫을 서슴지 않았고, 8곳의 외직의 수령이 되었을 때는 선정善政을 베풀어 청백리의 표상이 되었다.

특히 그의 삶에 있어 특기할 점은 효성의 실천이었다. 어버이의 봉양을 위해 7~8차례나 외직의 지방관을 자청하였고, '애일당愛日堂'을 지어 아우들과 색동옷을 입고 재롱을 피워서 어버이의 마음을 기쁘게 해 드렸으며, 53세 (1519) 때 안동 부사 시절 부府내의 남녀 귀천을 막론하고 80세 이상의 노인들을 초청하여 '화산양로연花山養老燕'을 베풀었다. 뿐만 아니라 향중의 80세 이상의 노인들을 초대하여 '애일당구로회愛日堂九老會'를 만들어 경로敬老사상을 실천하였다.

이현보는 만년에 정계를 떠나 고향으로 돌아와 산천이 수려한 분천汾川 가 영지산靈芝山 한 자락 높은 바위 위에 어버이를 위해 '애일당'을 짓는다. 그리고 현판의 글씨를 나라 안의 명필에게 구하지 아니하고 굳이 중국의 명필에게 글씨를 받으려고 제자를 중국으로 보냈다. 산 넘고 물 건너 갖은 고생 끝에 몇 달 만에 중국에 도착한 그는 또 다시 한 달 동안 명필을 찾기 위해 백방으로 수소문하여 명필이 사는 곳을 찾았다.

깊은 산중으로 한참을 들어가다가 명필을 만난 그는 조선의 농암 이현보 선생이 애일당을 짓게 된 배경과 자신이 여기까지 찾아 온 이유에 대해 말씀 드리고 '애일당' 현판 글씨를 써 줄 것을 정중히 청하였다. 그러자 허름한 옷차림을 한 노인이

"이렇게 보잘 것 없는 사람의 글씨를 받으려고 그 먼 곳에서 여기까지 찾아 왔느냐?"

고 하면서, 마침 주위의 칡 줄기를 꺾어서 먹을 듬뿍 찍더니, 단번에 '애일당' 석 자를 써 내려갔다. 옆에서 지켜 본 제자는 큰 기대를 걸었지만 막상 쓴 글씨를 보니, 정성을 다해 쓴 글씨가 아니고 장난으로 휘갈겨 쓴 글씨 같아 내

심 마음에 차지 않았다. 그래서 제자는 예의를 무릅쓰고

"다시 한 장 더 써 줄 수는 없습니까?"

고 조심스럽게 여쭈었다. 그러자 명필은

"이 글씨가 그대 마음에 안 드시오?"

하더니, 글씨를 쓴 종이를 손가락으로 세 번 튕겼다. 그러자 종이 위에서 상상도 못할 일이 눈앞에서 펼쳐졌다. '애일당' 세 글자가 마구 꿈틀거리더니 세 마리의 학이 되어 훨훨 날아가 버렸다. 그제서야 노인이 쓴 글씨가 범상하지 않음을 알았지만 되돌릴 수 없었다. 제자는 자신의 우매함을 사죄하고 다시 써 줄 것을 며칠 동안 간청했으나 끝내 다시 글씨를 써 주지 않았다. 실의에 빠진 채 어찌할 줄 모르자, 노인(명필)은 제자의 모습이 측은하게 느껴졌는지 한 마디 툭 건네는 것이었다.

"곧장 이 아래로 2리 쯤 내려가면 나보다 글씨를 잘 쓰는 사람이 있으니, 그 사람을 찾아가 보시게."

제자는 어쩔 수 없이 노인이 일러준 대로 산 아래로 내려가 또 다른 명필을 찾아갔다. 그러자 그 명필은

"이 산중에 우리 스승님이 계시는데, 그 곳을 찾아가 보시오."

라고 말하는 것이었다. 제자는 하는 수 없이 그간의 자초지종을 소상히 말씀 드리자,

"그런 일이 있었소? 우리 스승님은 본국에서도 남에게 글씨를 쉽게 써 주지 않은 분으로 소문이 났어요. 특별히 조선에서 왔다고 해서 써 준 것 같은데, 안타까울 따름이오."

라고 하였다. 그는 스승의 글씨는 못 받아 가지만 스승의 제자 글씨라도 받아 가야만 했다. 그래서 글씨를 써 줄 것을 청하자,

"내 글씨는 스승님의 글씨를 반도 따라가지 못하오. 그래도 학 세 마리는 못 되어 도 한 마리 정도는 될 것이오."

애일당

라고 말하며, 붓을 들어 정중히 글씨를 써 주었다.

우여곡절 끝에 중국 최고의 명필이 아닌 제2인자의 글씨를 받아가지고 조선으로 돌아온 제자는 농암선생을 뵈올 낯이 없을 뿐만 아니라 그 애석한 마음을 가눌 길이 없었다. 그러나 중국에서 있었던 사실을 입 밖으로 낼 처지가 못 되었다. 가슴 속에 깊이 간직하고 있다가 결국 농암선생이 세상을 떠난 뒤에 이 사실이 밝혀졌다.

세월이 흘러 어느 해 큰 홍수가 나서 정자와 '애일당'의 현판이 휩쓸려 떠내려가 찾을 수 없었다. 그런데 수 십리 떨어진 곳에서 한 어부가 고기를 잡으러 강에 나갔다가, 금빛 찬란한 무언가가 위에서 떠내려 오는 것을 발견하고 급히 배를 대어 건져 보니, 바로 홍수에 떠내려간 '애일당' 현판이었다고 한다.

우리는 '애일당' 현판에 얽힌 이야기에서 확인할 수 있는 것은 농암 이현보의 출천出天의 효성이 중국에까지 알려졌다는 사실과 그로 인해 중국 2인자의

글씨를 받아왔다는 점, 그리고 장수의 상징인 학의 신기가 서려있는 현판이 영원토록 후손들에게 전해질 것이라는 점이다. 한마디로 농암 이현보의 효성과 그로 인한 애일당의 건립, 그리고 중국 명필의 글씨가 더해져 농암 이현보의 효성은 더욱 빛날 것이다.

농암 이현보에게 있어서 '효孝'는 자신의 일관된 삶의 지향이었고, 가문에 '대대로 지켜져야 하는 규범世守之規範'이며, '애일당'은 바로 그 '효'를 실천한 공간(산실)이었다. 농암 이현보가 세상을 떠난 뒤 그의 평생 사업을 평가하여 내려준 '효절孝節'의 시호야말로 그의 일생을 잘 대변해 주고 있다. 효성이 희박해져 가는 오늘날에 '애일당'에 올라 '애일'의 의미를 돌아보고 되새겨보면 어버이에 대한 희구지정喜懼之情이 없을 수 없을 것이다.

「농암 애일당聾巖愛日堂」

작은 고을 선성은 바로 나의 고향	十室宣城是我鄉
선조들의 남은 경사 길이 이어지네	祖先餘慶積流長
백발 양친은 벌써 여든을 넘으셨고	皤皤雙老年踰耋
슬하에 자손들이 당에 이미 가득하네	膝下雲仍已滿堂
어버이 연로한데 어찌 도성을 그리워하랴	親老那堪戀帝鄉
고인들은 임금 섬길 날은 많다고 말하였지	古人猶說事君長
대대로 이어온 평천의 가업 분천 굽이	平泉世業汾川曲
바위 가에 새로이 구경당을 지었다오	新作巖邊具慶堂。

도산서원陶山書院 : 서원의 으뜸[書院之宗], 조선의 명필을 배려하다

도산서원 현판에는 다음과 같은 이야기가 전해온다.

때는 바야흐로 조선 최고의 학자 퇴계 이황이 세상을 떠나고, 1574년 그의 제자들에 의해 생전에 강학했던 도산서당 뒤편에 도산서원이 건립된다. 한편 조정에서는 퇴계의 학덕을 기리기 위한 서원에 '도산서원陶山書院'이라 사액賜額한다. 평소 퇴계 이황의 학덕을 존모했던 선조는 당대 최고의 명필인 석봉石峯 한호韓濩(1543~1605)를 어전에 불러 도산서원 현판 글씨를 쓰게 하였다. 그런데 한 가지 고민이 생겼다. 아무리 천하 명필인 한석봉이라도 어전에서 퇴계의 학덕을 기리는 서원 현판을 쓰게 하면 마음에 동요가 일어나 글씨를 제대로 쓰지 못할 것이라고 여겼다. 그래서 선조는 묘안을 내어 '도산서원陶山書院' 네 글자를 처음부터 쓰게 하지 않고 거꾸로 뒤에서 한 자 한 자 쓰게 하였다. 선조는

"자, 그럼 준비되었소? 지금부터 과인이 부르는 글자를 한 자 한 자 받아쓰시오."

라고 하면서, 맨 처음에 '원院'자를 부르고, 다음에 '서書'자를 부르고, 그 다음에 '산山'자를 부르고, 맨 마지막에 '도陶'자를 불렀다. 한석봉은 순서대로 선조가 불러준 대로 '원院'자, '서書'자, '산山'자를 받아썼지만 도무지 무슨 말인지 무슨 뜻인 줄을 알 수가 없었다. 마지막 '도陶'자를 부르는 순간 한석봉은

"아, 지금 내가 퇴계 선생을 모시는 도산서원 현판을 쓰는구나."

하고 알아차렸다. 자신이 도산서원 현판을 선조가 지켜보는 어전에서 쓰고 있다는 사실에 마음이 두근거려 평정심을 갖지 못하고 마지막 '도陶'자를 쓸 수밖에 없었다.

좌부방阝을 하고 오른쪽 '도匋'자의 바깥 형태의 '포勹'자를 쓰는 순간 평정심을 잃어버렸다. 그래서 지금도 '도산서원陶山書院' 현판의 '도陶'자를 가만히 보노라면 '포勹'자가 밑으로 처져 전체 균형이 약간 비뚤어져 어색함을 느낄 수 있다.

도산서원

이 이야기는 사실이 아닐 것이다. 444년의 역사의 흐름 속에 누군가에 의해 전해져 온 이야기일 것이다. 퇴계 이황은 68세(1568)의 고령임에도 17세의 어린 나이에 왕위에 오른 선조가 성왕聖王이 되어 백성들에게 선정善政을 베풀어 줄 것을 간절히 바라는 우국충정에서 『성학십도聖學十圖』을 올렸다. 그리고 이듬해(1569) 한양 도성을 떠나 완전히 고향인 예안으로 돌아왔다. 선조는 2년 뒤인 1570년에 퇴계 이황의 부고訃告를 듣게 된다. 평소 자신의 곁에 늘 두고 싶었지만 고령과 건강을 이유로 고향으로 내려가는 것을 한사코 만류할 수도 없었다.

결국 도산서원 현판이야기는 선조의 퇴계 이황에 대한 각별한 존경심과 조선 최고의 명필 한석봉을 배려한 글씨가 더해져 도산서원의 위상을 제고提高시키고 있다.

탁청정濯清亭 : 광김光金의 자존自尊, 조선의 명필을 골탕 먹이다

탁청정은 당대 최고의 음식 조리서인 『수운잡방需雲雜方』을 저술한 탁정정濯清亭 김유金綏(1491~1555)가 1541년에 건립하였다. 원래 낙동강에 인접한 안동시 와룡면 오천리에 있었지만, 1974년 안동댐 건설로 지금의 위치로 이건하였다. 영남의 정자 가운데 가장 우아하고 웅장하다는 평을 받고 있으며, 중요

탁청정 전경

민속자료 제226호로 지정되었다.

　탁청정에는 현판 글씨와 관련하여 다음과 같은 이야기가 전해온다.

　1541년에 정자를 완공하고 정자 이름을 광산 김씨 집성촌인 군자리君子里에 걸맞은 '탁청정濯淸亭'이라 명명하였다. 그런데 이 현판 글씨를 누가 쓸 것인가가 문제였다. 문중에서 협의한 끝에 당대 최고의 명필인 한석봉에게 글씨를 받기로 정하였다.

　기별 끝에 아무 날 한석봉이 오천 군자리를 찾아 왔다. 마을에서는 그에게 융숭한 접대를 하면서 글씨를 써 주기만을 기다렸다. 하루 이틀 글씨는 쓰지 않고 약간은 거들먹거린 채 성대하게 차려 준 음식만을 축내는 것이었다. 비위가 상하지만 좋은 글씨를 받기 위해서는 참을 수밖에 별 도리가 없었다.

　마침 현판 글씨를 쓰는 날이었다. 지필묵을 준비하여 일필휘지一筆揮之하기만을 숨 죽여 기다렸다. 그런데 이게 왠말인가? '탁청정' 글씨를 한지 위에 쓰지 않고, 글씨를 새길 나무판에 직접 쓴다는 것이었다. 문중 사람들은 의아하게 여겼지만 나무판을 준비하였다. 그러자 한석봉은 한 술 더 떠서 준비해 온 나무판을 건물 위에 걸어놓으라고 하였다.

"아니, 어떻게 글씨를 쓰려고 하오?"

"사다리를 타고 올라가서 나무판에 직접 쓸 것이오."

기가 막혀 말이 안 나왔다. 그렇지만 직접 쓴다고 하니, 문중 사람들은 나무판을 건물의 적당한 위치에 걸어놓고 내려왔다. 한석봉은 크게 한번 숨을 쉬고, 붓에 먹을 듬뿍 적신 다음 준비해 놓은 사다리를 타고 올라가 나무판에 글씨를 쓰기 시작하였다. '씻을 탁濯' 자의 '삼 수氵' 변의 첫 번 째 점을 찍고 두 번째 점을 찍는 순간, 예상 밖의 일이 일어나게 된다. 문중사람들은 그가 마을에 온 순간부터 하는 행동이 마음이 들지 않았는데, 더군다나 글씨를 좀 쓴다고 이렇게 거들먹거리는 꼴을 보니, 더 이상 참지 못하였다. 그 중에 한 사람이 몸을 기댄 채 글씨를 쓰고 있는 사다리를 발길로 걷어 차 버렸다. 당연히 밑으로 바로 떨어질 것으로 여겼지만, 이게 웬일인가? 두 번째 점을 찍은 붓이 나무판에 박혀 그 붓끝의 힘에 의지해 한석봉은 그대로 매달려 있더라는 것이다. 지금도 '탁청정'의 '탁濯' 자의 두 번 째 점을 유심히 살펴보면 특히 굵고 힘이 있음을 느끼는데, 이는 아마 한석봉이 이 점點에 의해 자신의 몸을 매달았기 때문이리라. 이처럼 '탁청정' 현판 글씨가 강한 힘이 느껴지는 것은 왜 일까?

현판에 얽힌 이야기는 여기서 끝이 난다. 이 이야기는 실제 일어난 일도 아니고, 정자가 건립된 연도와 한석봉의 생몰년을 비교해 보면 한석봉이 쓴 글씨일까 의문이 들기도 한다. 그러나 이 명필 설화가 우리에게 시사하는 바는 천하의 명필을 골탕 먹인 외내 광산 김씨들의 자존감을 보여주는 한편, '탁청정' 현판 글씨가 힘이 찬 글씨임을 천하에 천명한 것이라고 할 수 있다.

'탁청정'에서 '탁청'의 의미는 중국 송나라 염계濂溪 주돈이周敦頤의 「애련설

愛蓮說」에 "나는 유독 연꽃이 진흙탕 속에서 나왔지만 거기에 물들지 않고, 맑은 잔물결에 씻기어도 요염하지 않은 것을 사랑하노라予獨愛蓮之出於淤泥 而不染 濯淸漣而不夭"라는 구절에서 인용한 것으로, 한마디로 연꽃이 상징하

탁청정

듯 올곧고 맑은 마음을 수양하고자 하는 의미를 담고 있다.

아울러 '탁청정'에는 퇴계 이황, 농암 이현보, 금계 황준량, 청풍자 정윤목 등 당대 명유名儒의 시판이 걸려있어 정자의 품위를 더해 준다. 농암 이현보가 지은 '탁청정'의 시를 감상해 본다.

「탁청정에 차운하다次濯淸亭」

섬돌 아래 사각 연못, 연못 위는 정자인데	階下方池池上亭[8]
바람 부는 난간에 찬 기운이 감도누나	風傳欄檻嫩涼生
개울 골짝 회도는 곳 앞산이 둘러싸고	溪環谷互前山擁
처마 넓고 하늘 낮아 북두칠성 비껴있네	簷豁天低北斗傾
받침대에 가득한 술 빈객을 취케 하고	坫上酒盈留客醉
헌함 옆에 과녁 마련 이웃사람 모여드네	軒邊帿設聚隣爭
우리처럼 늙어서 할 일 없는 사람들을	多吾老退閒無事
불러서 정자의 맑은 술맛 나누어 주네	邀輒來分一味淸

탁청정이 자리하고 있는 산수 좋은 자연 환경과 이곳에 사람들이 찾아들어 북적대는 당시 문화공간으로서의 사회 환경을 잘 묘사하고 있다.

탁청정은 당대 학문 교류의 장소이자 풍류와 접빈의 공간이었다. 호방한

---

8 아래 시판에는 '계(階)' 자가 '계(堦)' 자로 되어 있다.

탁청정 시판

성품을 지닌 김유는 이곳을 찾아드는 빈객들에게 술과 음식을 접대하면서 자연스레 음식문화에 관심을 가졌으며, 그 결과 저자가 밝혀진 당대 최고의 음식 조리서인 『수운잡방』을 저술하였다. 탁청정은 어쩌면 『수운잡방』의 산실이라고 할 수 있다.

백세청풍百世淸風 : 바람에 날아간 '풍風'자를 감쪽같이 쓰다

'백세청풍'은 예천군 풍양면 삼강리에 있는 삼강강당三江講堂에 걸려있던 현판이다. 삼강강당은 선조 때 호종공신 약포藥圃 정탁鄭琢(1526~1605)의 셋째 아들 청풍자淸風子 정윤목鄭允穆(1571~1629)이 벼슬을 사양하고 후진을 양성하기 위해 1600년대에 건립하였다.

정윤목은 자는 목여穆如, 호는 청풍자淸風子, 본관은 청주다. 서애 류성룡과 한강 정구의 문인이며, 경당敬堂 장흥효張興孝(1564~1633)와 국창菊窓 이찬李燦(1575~1654) 등과 교류하였고, 풍채가 호탕하여 보는 사람들이 맑은 바람처럼 시원하다고 하였다. 총명하여 경사經史와 성리학에 정통하였고, 또한 문장이 뛰어나 당시 유명한 학자들이 모두 탄복하였다. 음악, 병법, 음양, 책력, 제자

백가에 이르기까지 모르는 것이 없었으며, 특히 필법이 탁월하여 초서草書의 대가로 알려졌다.

광해군 때 여러 번 출사의 권유를 받았지만 나가지 않았고, 1616년 마지못해 소촌도 찰방으로 나아가 1년 만에 벼슬을 그만두고 고향으로(용궁면 월오리 장야평長野坪) 돌아왔다. 그후 풍양면 삼강리에 삼강서당을 세우고 제자들을 가르치며 여생을 보냈다. 예천 도정서원道正書院에 제향되었다.

한편, 정윤목은 부친 정탁이 1589년 사은사謝恩使로 명나라에 갈 때 수행하게 된다. 그리고 공무 여가에 백이숙제를 모신 수양사首陽祠를 참배하고, 고국으로 돌아올 때 수양사에 걸려있는 '백세청풍百世淸風' 대자大字 글씨를 탁본하여 가져왔다. 지금도 삼강강당 안에는 그때 가져온 글씨가 남아있다.

그런데 '백세청풍百世淸風' 글씨와 관련하여 다음과 같은 이야기가 전해 온다.

정윤목은 수양사에서 탁본해 온 '백세청풍百世淸風' 글씨를 가지고 고국(조선)으로 가기 위해 어느 해안가에 도착하였다. 배를 타려는 순간, 갑자기 바람이 세차게 불어와 '백세청풍百世淸風' 네 글자 중에 한 글 자가 바람결에 날아가 버렸다. 공교롭게도 그 글씨는 다름 아닌 마지막 네 번째 글자인 '바람 풍風'자였다. 순식간에 일어난 일이라, 정윤목은 바람을 타고 날아가는 글자를 바라볼 수밖에 없었다. 일행들도 마찬가지였다. 순간 난감한 정윤목은 자신도 모르게

백세

청풍

"이 일을 어쩐 담. 이 일을 어쩐 담."

삼강강당 전경

하고 진한 아쉬움을 연신 드러내었다. 그러나 이미 벌어진 일이라 되돌리지 못하고 착잡한 심정을 뒤로 한 채 중국을 떠나 고국으로 무거운 발길을 돌릴 수밖에 없었다.

한편, 고국으로 돌아온 정윤목은 삼강서당을 세우고 백이숙제 사당에서 탁본해 온 '백세청풍百世淸風'글씨를 새겨 걸어두고자 하였다. 그러나 '풍風'자가 없기 때문에 별다른 묘안이 없었다. 이런저런 고심 끝에 자신이 없는 글자를 직접 쓰기로 마음먹었다.

평소 글씨에도 일가견이 있던 터라, 어렵지 않게 '풍'자를 쓸 수 있으리라 생각하였다. 그런데 마음속에 각인된 '풍'자를 써보니, 자신이 본 '풍'자와 서법이 달라서 도저히 다른 세 글자와 어울리지 않았다. 그래서 그는 백이숙제 사당의 '풍'자를 연상하며

　　"한번, 두 번, 세 번, 네 번, 다섯 번, 여섯 번, 일곱 번……"

계속해서 글씨를 반복적으로 썼다. 아니나 다를까. 필법이 탁월하여 초서의 대가로 필명을 떨치고 있던 그였기에 어느 순간 '풍'자가 자신의 마음에 들었고, 이것이 '백세청' 세 글자와도 비슷하다는 것을 느끼고서야 붓을 놓을 수 있었다. 이야기는 여기서 끝이 난다. 우리는 이 일화에서 우선 백이숙제의 청백정신을 본받으려는 정윤목의 삶의 자세와 나아가 자기만의 독특한 필법을 완성하여 명필로 이름이 알려진 그의 탁월한 서예정신을 확인할 수 있다.

실제 그는 어려서부터 중국과 우리나라 명필들의 글씨를 두루 섭렵하여 자기만의 독특한 필법을 완성하여 명필로도 이름이 높았다. 평소 가까이 지내던 벗인 국창菊窓 이찬李燦(1575~1654)의 집 벽에 두 구절의 시를 초서로 써놓았다. 그런데 임진왜란 때 일본군이 이찬의 집 앞에 군대를 주둔하려다가 정윤목의 글씨를 보고는 탄복하고 뜰에 내려가 절을 한 후 떠나갔다고 한다. 이 일화는 명필로 이름난 그의 한 모습을 보여주는 것이라 하겠다.

반면, 정윤목은 타고난 성품이 하늘에서 내리는 흰 서리와 밤하늘의 달빛처럼 고결하였다고 한다. 그가 눈이 내린 뒤에 나귀를 타고 태백산과 소백산에 올라가 흰 눈을 보면서 호연지기를 길렀다는 일화는 그만큼 평소 그의 몸가짐과 맑고도 깨끗한 성품의 일면을 보여주는 것이라 생각한다. 아울러 스스로 지은 '청풍자淸風子'란 호도 깨끗한 성품의 일단을 확인시켜 주고 있다.

'백세청풍百世淸風'은 임금에 대한 충성과 지조를 끝까지 지킨, 중국 은나라 말의 백이伯夷와 숙제叔齊의 고사에서 유래하였다. '백세토록 길이 전할 맑은 기풍'을 뜻하는 것으로, 이후 조선시대 지식인들이 가장 선호하는 글귀가 되었다. 영원토록 변치 않는, 고고한 선비가 지닌 절개를 대변하는 것으로, 선비들이 종택이나 서원, 정자 등에 현판으로 걸고 주위의 바위에 새기기도 하였다.

청풍자 정윤목이 백이숙제 사당에서 탁본해 온 '백세청풍百世淸風' 네 글자를 '삼강고필三江古筆'이라고 한다. 훗날 삼강강당을 찾게 되면 강당 안에 걸려 있는 이 현판의 네 글자를 자세히 보세요. 앞의 '백세청百世淸'의 세 글자와 마지막 글자인 '풍風'자가 어떻게 느껴집니까? 한 사람이 쓴 글씨입니까? 아니면 '풍'자를 다른 사람이 썼다고 생각하십니까? 개인적으로는 '풍'자가 다른 세 글자와 글씨의 생김새가 다르다는 느낌을 받는데, 동의하십니까? 이렇게 현판에 얽힌 이야기를 알고서 문화유적을 답사하면 찾아가는 발걸음이 더욱 의미가 있을 것이다.

현판의 의미와 가치 :
출입관성出入觀省, 고명사의顧名思義

현판의 내용은 그 건물에 알맞은 의미와 유래를 담고 있는데, 대체로 기문記文 등을 지어 그 의미를 설명한다. 이러한 글 속에는 현판을 대하는 옛사람들의 마음가짐과 뜻이 담겨 있으며, 서예사적으로도 귀중한 정보가 들어 있다. 조선시대에는 원우와 누정, 정사나 재사 등의 건립을 통해 선현의 학문과 덕행을 존경하고 추모하였으며, 나아가 이를 본받아 실천하고자 하였다.

안동지역의 현판은 선현을 기리거나 효열을 강조하는 윤리적인 내용을 담고 있다. 특히 나라를 위해 목숨을 바친 선현의 경우에는 그 절의를 사모하여 공론을 거쳐 사당을 세워 포장하면서 현판을 내려 주었다. 이것은 봉건적인 유교사회에서 존현과 충효가 무엇보다도 우선시 되었으며 주요한 덕목임을 말해준다. 다시 말하면 인격수양과 인륜을 중시하는 유교의 사상과 정신을 담고 있으며, 자기 자신의 수양은 물론이고 인간관계의 기본이 되는 오륜이 강조되어 있다. 오륜은 과거 오랫동안 우리 사회의 기본적 윤리로 존중되어 왔는데, 궁극적으로 인간성을 함양하여 인격을 완성하는 것을 기본으로 한다.

"편액을 새겨서 그 거처에 걸어두니, '첨모瞻慕'의 정을 붙이고 영구히 전해지기를 바라서이다."

"산림에서 덕을 기르고 산 밖을 구하지 않았다. 편액을 보면 일생의 청수淸修를 상상할 수 있을 것이다."

"영남의 선비들이 함께 논의하여 모각해서 걸어두고 존경의 정성을 다했다."

"당대의 명경거공名卿巨公에게 글씨를 부탁하고 관청에 보고하였다."

"남긴 은택을 잊지 않기 위해 사실을 기록한다."

"자취가 사라질 것을 두려워하여 다시 새기고 단청을 칠하여 더욱 꾸민다."

"누에 올라 편액을 바라보면 어느새 사모의 마음이 일어나니 후세에 길이 전해지리라."

"후손이 뜻을 잇고 서술하여 선조가 미처 하지 못한 것을 이룬다."

"끝없는 효성과 추원의 정성이 그 가문에 세습되어 인심을 흥기한다."

위에서 밝힌 것과 같이 현판을 새겨서 건물에 거는 목적은 선현과 선조의 은택을 잊지 않고 길이 마음에 새기기 위해서다. 자식으로서 부모의 은혜를 기리고 후학으로서 선현의 학덕을 기리는 것은 규범성을 지닌 것으로 폄하할 수도 있다. 그러나 그 이면에는 인간의 그리운 정서가 녹아 있으며, 그것은 현판의 시각적 상상을 통해 '첨모瞻慕'나 '흥기興起'로 전환되어 유한성을 해체하는 기제로써 후세의 '불후不朽'를 지향하고 있는 것이다. 현판에는 이처럼 우리사회에서 희박해져 가는 효성의 정신과 인간성 회복의 명제를 되새기게 하는 기본정신이 내재되어 있다.

한마디로 현판의 의미는 '출입관성出入觀省', '고명사의顧名思義'로 대변할 수 있을 것이다. 수없이 그 건물을 드나들면서 건물을 상징하는 현판의 의미를 생각하고 내 자신을 성찰해 간다는 것이다. 선현들이 남긴 현판 문화의 전통을 이어받아 자신이 거처하고 있는 공간에다 자신을 성찰할 수 있는 좋은 구절을 취해 이름을 부여해 보는 것도 의미가 있을 것으로 생각된다.

현판은 시대정신을 담고 있는 하나의 미학 코드로써, 현대미술의 한 분야로써 뚜렷한 특성을 지니고 있다. 요컨대, 현판은 우리 고유의 전통 문화유산으로서의 의미와 가치가 매우 크기 때문에 이에 대한 체계적인 조사와 다면적인 연구가 절실하게 요청된다고 할 수 있다.

[참고문헌]

『論語』
『周易』
『書經』
『說文解字』
『高麗圖經』
『國朝寶鑑』
『朝鮮王朝實錄』(宣祖實錄)
朱熹・呂祖謙, 『近思錄』
李奎報, 『東國李相國集』
李穡, 『牧隱集』

成俔, 『慵齋叢話』
周世鵬, 『竹溪志』
李滉, 『退溪集』
琴輔, 『梅軒集』
奇大升, 『高峯集』
權好文, 『松巖集』
李珥, 『栗谷全書』
張顯光, 『旅軒集』
鄭蘊, 『桐溪集』
李玄逸, 『葛庵集』
金聖鐸, 『霽山集』
趙觀彬, 『悔軒集』
鄭宗魯, 『立齋集』
丁若鏞, 『經世遺表』
金正喜, 『阮堂集』
郭鍾錫, 『俛宇集』
金澤榮, 『韶濩堂集』
李南珪, 『修堂遺集』

권진호, 「한시로 쓴 심원록」, 『조선후기 서원의 위상』, 새물결, 2015.

＿＿＿, 「한국 편액의 문화적 가치」, 『한중일 목판의 현황과 과제』, 한국국학진흥원, 『목판연구총서』 3, 도서출판 형제, 2015.

＿＿＿ 외, 『樓亭』, 안동청년유도회, 도서출판 한빛, 2015.

＿＿＿ 외, 『安東의 書院』, 안동청년유도회, 도서출판 한빛, 2016.

문화재청, 『궁궐현판 고증조사』, 문화재청, 2015.

박 순, 「한국의 편액-기록유산적 가치」, 『동아시아 목판문화의 전통과 계승』, 한국국학진흥원, 『목판연구총서』 4, 도서출판 형제, 2016.

＿＿＿, 「한국의 편액 해제」, 『한국의 편액』 I, 한국국학진흥원 목판연구소, 드림디자인, 2016.

이광호, 『퇴계집』, 한국고전선집, 한국고전번역원, ㈜나인애드, 2017.

이동국, 「조선시대 편액의 성격에 대한 일고」, 『목판의 보존과 가치발굴』, 한국국학진흥원, 『목판연구총서』 2, 도서출판 성심, 2013.

李佑成, 「李退溪와 書院創設運動」, 『韓國의 歷史像』, 創作과 批評社, 1982.

이지락, 『국역 매헌선생문집』, 영남선현문집국역총서 8, 한국국학진흥원, 도서출판 성심, 2013.

한국국학진흥원, 『扁額, 뜻이 담긴 현판』, 한국국학진흥원, 성심인쇄, 2009.

＿＿＿＿＿＿, 『懸板-선현의 정신을 담다』, 2016.

＿＿＿＿＿＿, 『한국의 편액』(I, II), 목판연구소, 드림디자인, 2016.

허경진, 「한국 편액의 기록문화사적 가치와 데이터베이스 구축」, 『동아시아 목판문화의 전통과 계승』, 한국국학진흥원, 『목판연구총서』 4, 도서출판 형제, 2016.

안 동
문 화
100선

●❶⓪

안동의 유교현판

초판1쇄 발행 2020년 1월 20일
초판2쇄 발행 2021년 6월 30일

기 획 한국국학진흥원
글쓴이 권진호
사 진 류종승
펴낸이 홍종화

편집·디자인 오경희·조정화·오성현·신나래
               박선주·이효진·최지혜·정성희
관리 박정대·임재필

펴낸곳 민속원
창업 홍기원
출판등록 제1990-000045호
주소 서울 마포구 토정로25길 41(대흥동 337-25)
전화 02) 804-3320, 805-3320, 806-3320(代)
팩스 02) 802-3346
이메일 minsok1@chollian.net, minsokwon@naver.com
홈페이지 www.minsokwon.com

ISBN 978-89-285-1403-8
S E T 978-89-285-1142-6 04380